ROGER HERNÁNDEZ

TODOS TE

SOLUCIONES

Pacific Press®
Publishing Association

Nampa, Idaho | Oshawa, Ontario, Canada
www.pacificpress.com

Director editorial: Ricardo Bentancur
Redacción: Alfredo Campechano
Diseño de la portada: Steve Lanto
Imágenes de la portada: © iStock Photo
Diseño del interior: Diane Aguirre

El autor se responsabiliza de la exactitud de los datos y textos
citados en esta obra.

A no ser que se indique de otra manera, todas las citas de las
Sagradas Escrituras están tomadas de la versión Reina-Valera ©
1960 Sociedades Bíblicas en América Latina; © renovado 1988
Sociedades Bíblicas Unidas. Utilizada con permiso.
Las citas marcadas con NTV están tomadas de la Santa Biblia,
Nueva Traducción Viviente, © Tyndale House Foundation,
2010. Usado con permiso de Tyndale House Publishers, Inc.,
351 Executive Dr., Carol Stream, IL 60188, Estados Unidos de
América. Todos los derechos reservados.
Las citas marcadas con NVI están tomadas de la Santa Biblia,
Nueva Versión Internacional, © 1999 por Biblica, Inc.' Utilizada
con permiso. Derechos reservados.
Las citas marcadas con RV95 están tomadas de la Santa Biblia,
version Reina-Valera 1995 * © Sociedades Bíblicas Unidas, 1995.
Utilizada con permiso.

Puede obtener copias adicionales de este libro en
www.libreriaadventista.com,
o llamando al 1-800-765-6955.

Printed in the United States of America

ISBN: 978-0-8163-9166-0

October 2017

Índice

Introducción

Las angustias de mi corazón se han aumentado;
sácame de mis congojas. Salmo 25:17.

Moisés es el personaje bíblico con quien más me identifico. Su vida, al igual que la mía, y tal vez la tuya, se caracteriza por obediencia y pecado, victorias y derrotas, hazañas y fracasos. Moisés nació en tierra ajena, en el hogar de un esclavo. Conoció el poder y la fama, la riqueza y la realeza. También experimentó persecución, vituperio y pobreza, momentos felices y dolorosas pérdidas. Vivió en el palacio del faraón, pero también en el desierto. Fue miembro de la realeza y también un fugitivo. Este libro es un resumen de los paralelismos entre Moisés, tú y yo.

Ahora me adelanto. Para que nos conozcamos mejor, déjame contarte un poco de mi vida.

Nací en Cuba, bajo un régimen opresivo. Antes de que yo naciera, ya mis padres querían una vida mejor para nosotros. Por eso me llamaron Roger, en vez de Nabucodonosor o Nabuco (un poco más corto), como mi papá quería. Mi mamá decía: "Un día iremos a los Estados Unidos de América, y quiero que mi hijo tenga un nombre que suene bien en inglés".

Cuando yo tenía dos años de edad, mi padre decidió solicitar una visa para abandonar el país. Lo que siguió fue un infierno en la tierra. Fue asignado a trabajar en las plantaciones de caña de azúcar, donde trabajaba seis días a la semana. Cada 45 días podía venir a casa y compartir un fin de semana con la familia. Entonces se iba otra vez, a trabajar 16 horas al día, con poca comida, a sufrir el acoso de los guardias y de los mosquitos, además de todo lo que podía definirse como crueldad y brutalidad.

Todos tenemos ~~problemas~~ soluciones

Después de dos años, recibimos buenas noticias. ¡Nuestra visa había sido aprobada! Pero el tiempo no estaba de nuestra parte. Mi madre estaba embarazada, con ocho meses y tres semanas. Mi hermano Isaac muy pronto llegaría. La ley requería que ella viajara después que el bebé naciera, pero mi padre ya estaba harto del gobierno, de la policía secreta, de la falta de oportunidades de progreso y de las limitaciones a su libertad. Así que mi mamá empacó lo que podía en una maleta, se puso el vestido más grande que pudo conseguir, y salimos hacia el aeropuerto. Antes de pasar ante los soldados que vigilaban la aduana, a mí se me cayó el pantalón. Ella se inclinó para subírmelo, y el guardia no advirtió el vientre que contenía un bebé de cinco kilos (10,5 libras) en su interior. Subimos al avión y saboreamos la libertad.

La libertad tiene un precio. No se trata solo de la ausencia de tiranía, sino de una experiencia de liberación total. Eso nunca ha sido fácil, pero vale la pena. El precio que todos pagamos por ella fue muy alto.

El precio financiero. No se podía sacar nada de valor de Cuba. El gobierno totalitario solo nos permitió llevar una maleta. Estábamos sin propiedades, sin cuentas de ahorros, sin dinero. Tomamos esa decisión porque anhelábamos salir de allí. Alguna vez llega el momento cuando tienes que dejar todo para conseguir todo: la libertad.

El precio en términos de relaciones. Dejamos nuestra familia, nuestros amigos, nuestros compañeros de trabajo, a todos los que amábamos. Viajamos a España, donde podíamos contar los amigos con los dedos de una mano, y nos sobraban, pero el anhelo de libertad era superior a los vínculos. Decidimos ser libres en vez de permanecer con nuestra familia.

El precio de la falta de estabilidad. De Cuba viajamos a España, de ahí a Costa Rica, luego a Miami, Florida. Después fuimos a Aibonito, en Puerto Rico. De ahí pasamos a Las Piedras, Guayama, Cayey, Cidra, y nuevamente a los Estados Unidos. Nos mudamos más de veinte veces. La frase "nos mudamos" parecía

Introducción

ser la favorita de mi papá. Todos encontramos apoyo e hicimos muchos amigos en el camino de esta experiencia.

El precio de la falta de salud. Antes de salir de Cuba yo sufría de malnutrición. La comida estaba racionada, y cuando mi papá no estaba en casa era difícil conseguirla. Mi mamá me daba agua con azúcar morena para calmar el hambre. Mi dentadura sufrió las consecuencias. Mi papá llevó la peor parte del agotamiento físico que provoca el trabajo en un campo de concentración. Pero era un precio que había que pagar.

Yo no pude escoger mi libertad. No tenía el conocimiento, la habilidad, la fuerza ni los recursos para hacerlo, pero mi padre sí. Gracias a su sacrificio, hoy tenemos una vida mejor. Gracias a su amor desinteresado, podemos llamar a la libertad una posibilidad, pues nos dio la oportunidad de soñar.

El precio de la intolerancia. Cuando por fin llegamos a Puerto Rico advertí que, aunque compartíamos el idioma, había grandes diferencias culturales. Los vecinos me llamaban "cubiche", otra forma de llamarme cubano. Yo no protestaba, pues estaba solo contra todos. El apodo me recordaba mi pasado, pero yo pensaba en mi futuro.

El precio de la inestabilidad en la escuela. A los 17 años me gradué de la escuela secundaria y me fui a la universidad. Otra ciudad desconocida, otro grupo de amigos. Como muchos estudiantes, pensaba que me había graduado de la iglesia, pero Dios tenía otros planes.

Siempre había sido un estudiante sobresaliente, pero en la universidad todo cambió. Más de un aspecto de mi vida fue afectado negativamente. Siempre había seguido una serie de reglas sin ninguna relación personal afectiva con Dios, y cuando las personas que imponen las reglas están a casi cinco mil kilómetros (3.000 millas) de distancia, la desobediencia sale a flote de manera natural. Me vi negativamente afectado en tres áreas de mi vida:

Educación. Las buenas notas eran algo normal para mí, pero en la universidad mis prioridades cambiaron. Ahora prefería el baloncesto, los amigos y las chicas. Me podía levantar a la hora que quisiera, estudiar si quería, ir a trabajar si quería. Casi nunca quería, y ese era el gran problema la mayor parte del tiempo. El primer semestre de mi carrera universitaria saqué las peores calificaciones de mi vida. Mis padres comenzaron a preguntarse qué pasaba con el hijo acostumbrado a las buenas notas.

Relaciones. La separación de Cristo primero afecta las relaciones, y como no seguía los principios bíblicos acerca de las relaciones con las chicas, fui afectado, y también ellas.

Religión. No tenía a nadie que me levantara para ir a la iglesia, y mis amigos no me esperaban para ir con ellos. Yo había sido un joven activo en la iglesia, cantaba, actuaba, hablaba en público; pero ahora no tenía apoyo familiar y no podía sostenerme solo. Nadie tenía la culpa; yo podía ir a la iglesia, pero no lo hacía.

Capellán del ejército

En mi segundo año en el colegio tome una decisión que sorprendió aun a mis amigos. Me uní al ejército como asistente de capellán. Se repetía el mismo patrón: nuevo lugar, nuevos amigos y nuevas experiencias. Fue en esa época cuando mi vida comenzó a cambiar. Andaba con un Nuevo Testamento en el bolsillo y por primera vez comencé a leer la Biblia. Siempre decía, aun en mis días más alocados, que quería ser pastor. La mayoría de mis amigos no me creían, pero Dios me había seleccionado desde antes de nacer para militar en su ejército.

Mi vida en el ejército fue de contrastes. Por una parte, estaba conociendo a Dios mediante la lectura de su Palabra, iba a los servicios de capellanía y cantaba en el coro; por otra parte, me enojaba con facilidad, y perdía el control de mis emociones. Pero Dios es paciente. Trabaja en nuestro favor y a nuestro ritmo. Si llevas una vida doble, permíteme darte un consejo: No te des por vencido en tu relación con Dios. La meta es el crecimiento, no la impecabilidad. La maduración es un proceso, y requiere tiempo.

Introducción

El llamamiento

Después de regresar del ejército, mi vida comenzó a cambiar. Me inscribí en las clases de Teología y comencé a tomar decisiones acertadas. Sentí el cambio que Dios estaba realizando en mí. Cambió lo que veía y leía, mi trato con las chicas y mi vocabulario. Se acabó mi mal humor, y comencé a hacer nuevos amigos y a disfrutar mi nueva vida. En ese tiempo conocí a mi esposa, me casé, y Dios me llamó a servirlo.

Lecciones aprendidas

He aprendido muchas cosas. Mantén en tu mente las enseñanzas que me dejaron estas vivencias, mientras las relacionas con la historia de Moisés en las páginas de este libro. Anhelo que estas lecciones te puedan beneficiar al caminar con Jesús cada día:

1. *Una vida desconectada de Dios es una vida vacía.* Es imposible manejar un auto sin motor. Se puede ver bonito desde afuera, pero no irá a ninguna parte. Como dice una frase conocida: "Puedes engañar a la gente por algún tiempo, pero no todo el tiempo". En algún momento el engaño se expondrá en su totalidad. Es como volar una cometa sin viento. Puede parecer que la cometa, papalote o barrilete, vuela mientras corres, pero cuando dejas de correr cae a tierra. A todos nos llega el momento en que dejamos de correr. La pornografía puede esconderse muy bien hasta que es hallada "por accidente". Quizá puedes "disfrutar" mientras nadie lo sepa, pero tarde o temprano sale a la luz. Llega el momento en que se deja de correr y lo que viene a continuación no es edificante. Acude a Jesús tal y como estás. A eso la Biblia le llama arrepentimiento, una transformación de adentro hacia afuera.

2. *Una vida licenciosa es una vida vacía.* He oído comentarios de personas que relatan lo mucho que "se gozaban" mientras estaban lejos de Dios: chicas, drogas, tabernas, etc. Pareciera que todo eso era superior a lo que obtuvieron cuando acudieron a

Cristo. Pareciera que el cristianismo es una experiencia difícil en vez de ser un deleite. Toma en cuenta esto: Es verdad que en la vida pecaminosa hay diversión; por un tiempo puede ser que disfrutes de esa aparente libertad. Pero llega el momento cuando descubres que se trata de un placer pasajero que no satisface el alma. El sufrimiento que produce opaca la diversión. No hay paz, y la esperanza desaparece. Después del baile, la botella y la baraja no hay tranquilidad. Las secuelas de una vida licenciosa son la enfermedad, el sufrimiento y la ansiedad. Pero Dios nos indica un camino mejor. Cuando aprendemos que Dios se complació en crearnos con un buen propósito, la vida gris se pinta de colores.

3. *La amistad importa.* Las amistades son decisivas en la formación del carácter. Tendemos a buscar gente como nosotros, porque atraemos lo que somos. Si miras a tus amigos y piensas: ¡Qué montón de fracasados!, puede ser que estés viendo el reflejo de tu carácter. Si te preocupa la baja calidad ética y moral de tus amigos, y quieres alejarte de ellos pero temes ofenderlos, no te preocupes; tan pronto comiences a cambiar, atraerás las amistades ideales y repelerás las que no te convienen.

4. *Realiza los cambios sin excusas.* Si yo pensara en el daño que he recibido y en la gente que me ha chasqueado, no estaría asistiendo ni sirviendo a la iglesia. En la iglesia hay personas conflictivas, gente religiosa que no está mirando a Jesús ni procura imitar sus actos de amor y gracia. Pero también, mis mejores momentos espirituales los he pasado al lado de personas centradas en Cristo. Conocí al amor de mi vida porque alguien compartió el evangelio de Jesús con su papá. He visto a la iglesia satisfacer las necesidades básicas de varias comunidades.

Hace mucho tiempo que decidí mirar las cosas positivas y no las negativas. Aprendí a regocijarme en lo bueno. En vez de fijarme en lo que la iglesia no hace, veo todo lo edificante que realiza. Busco lo positivo, porque siempre lo voy a encontrar.

Tal vez fuiste herido en alguna iglesia. Tal vez fuiste a buscar apoyo y encontraste indiferencia. Quizás alguien habló mal de ti, y te abandonaron cuando estabas en tu punto más bajo, pero si contemplas a Cristo puedes sacudirte toda esa negatividad y comenzar un proceso de sanidad. Este proceso comienza al perdonar a los que te hicieron daño.

Cuando nos enfocamos en nuestros pecados, terminamos cometiéndolos de nuevo, porque nos transformamos en lo que contemplamos (ver 2 Corintios 3:18). Esta ilustración sobre el ejercicio puede ser útil:

Si te miras al espejo y no te gusta lo que ves, tienes dos opciones:

- La primera es mirar tu cuerpo obeso, gritar, lamentar y dejar los ejercicios que haces para bajar de peso.
- La segunda opción es mirar tu cuerpo obeso, proponerte hacer ejercicio reconociendo que los resultados no se verán pronto, y al fin bajar de peso.

En el plano espiritual sucede lo mismo: No te concentres en tu situación actual, sino en tus posibilidades. Las personas que más me han ayudado son las que me inspiran en vez de juzgarme. No hay un plan de tres pasos para perder 45 kilos (100 libras) en una semana, tampoco hay un plan para convertirse en el segundo apóstol Pablo o en María de Nazaret en un mes. El problema con el pecado es que deseamos (con buena intención) que desaparezca en un día. Los malos hábitos se desarrollan fácilmente, pero desarrollar buenos hábitos requiere tiempo. En otras palabras, debes tener paciencia con tu crecimiento porque el cambio vendrá. Dios no ha terminado de trabajar en ti.

Entonces, ¿estás preparado para descubrir cómo Dios te ayuda en tus problemas? ¡Comencemos!

Capítulo 1

La impaciencia

> En aquellos días sucedió que crecido ya Moisés, salió a sus hermanos, y los vio en sus duras tareas, y observó a un egipcio que golpeaba a uno de los hebreos, sus hermanos. Entonces miró a todas partes, y viendo que no parecía nadie, mató al egipcio y lo escondió en la arena. Éxodo 2:11, 12

Confieso que no soy paciente. Me impacienta la congestión del tráfico. Siempre me he preguntado por qué el carril en el que yo voy es el más lento. Me frustran las personas que cuentan historias y no van al punto. No me gusta esperar con la música en el teléfono mientras me atienden. Mi primer impulso, como el de Moisés en el pasaje bíblico del comienzo, es actuar primero y pensar después. Eso me ha causado varios problemas. Dios me está ayudando a cambiar, pero aún necesito ayuda. Quizá tú también seas impaciente, y te preguntes si es posible cambiar.

Esto aflora sobre todo cuando salgo a comer con mi esposa. Cuando llega el mesero, yo ya sé lo que quiero, y estoy listo para ordenar. ¿Por qué perder tiempo? Pero mi esposa, con ojo analítico, pide más tiempo para analizar el menú. Cuando traen la comida, yo comienzo a comer de una vez. Mi esposa mira la comida, la evalúa, la saborea, la disfruta. Yo termino mucho antes que ella, y comienzo a hacer algo que a ella "le fascina" (más bien diría que no le gusta mucho): comienzo a probar su comida. Tengo en mis manos algunas marcas de su tenedor que me recuerdan la importancia de ser paciente.

Hay algunas lecciones acerca de la paciencia que quiero compartir contigo:

La impaciencia es un problema humano

Moisés estaba encabezando al pueblo hebreo que Dios había liberado del yugo egipcio. Iban rumbo a la tierra prometida, pero el camino parecía interminable. Él mismo escribió al respecto: "Luego el pueblo de Israel salió del monte Hor y tomó el camino hacia el mar Rojo para bordear la tierra de Edom; pero el pueblo se impacientó con tan larga jornada" (Números 21:4, NTV).

Quizás te sientes como los israelitas. No acabas de llegar a tu destino. Termina un año, comienza el siguiente y piensas: *Este es mi año*, pero termina siendo más de lo mismo. Si eres honesto, te cuestionas si en verdad Dios existe o si está interesado en lo que te pasa. Por ejemplo:

- Un matrimonio que no puede ser estable.
- Unos hijos problemáticos.
- Deudas que no se acaban.
- Una dieta que no funciona.

Esto te roba la paz, y como los hebreos clamas: *¿Hasta cuándo Dios? ¿Cuándo me toca a mí? La travesía es larga, el desierto inhóspito, y se me está acabando la paciencia.* ¿Qué puedes hacer? Esto nos lleva al segundo asunto.

La razón de la impaciencia es el deseo de control

Nos impacientamos porque nos gusta controlarlo todo. Saber qué va a pasar y cómo pasará es un deseo natural. Con la incertidumbre aumenta la ansiedad. Ciertas declaraciones bíblicas como esta no son de nuestro agrado: "Nuestro Dios está en los cielos y hace lo que le place" (Salmo 115:3).

Quisiera poder decirte que sí, se puede predecir lo que va a suceder, y que si trabajas fuerte y eres honesto todo va a salir bien. La realidad es que no hay resultados controlados. Cualquiera, incluyendo las personas religiosas que te aseguren que, si haces A, B y C, entonces D sucederá, no siempre aciertan. A veces en la vida 2+2 son 27. Muchas veces estamos más cómodos con un Dios que respalda nuestras decisiones que con uno que ordena nuestros pasos. Una de las cosas más difíciles de aprender es dejarle a Dios el control de nuestra vida. Yo quisiera decirte que siempre hay resultados controlados. Quisiera decirte que la vida es como mi regalo del Día del Padre.

Decidí que necesito hacer ejercicio con regularidad, así que comencé a buscar recursos para ese propósito. Vi un reloj llamado *FitBit* que marca los pasos, los latidos del corazón y las calorías. Yo quería uno para el Día del Padre. Tú sabes que el Día del Padre no es como el Día de la Madre. A las madres les hacen desayuno y se lo llevan a la cama, les compran regalos exóticos y les dedican poemas en *Facebook*. A los padres les dan pan tostado y otra corbata. Así que mis posibilidades de conseguir un *FitBit* en el Día del Padre era de cero a nada. Pero fragüé un plan: resultados controlados. Senté a mi familia y le dije: "Este próximo Día del Padre, me gustaría recibir de parte de ustedes un *FitBit*. Aquí tienen el dinero para que me lo compren". ¿Qué crees que pasó? ¡Lo recibí!

Me gustaría decirte que la vida es así. La realidad es que la vida es menos como una línea recta que va de A a B y más como un plato de espagueti.

Cuando me ataca la tentación de la impaciencia, me pregunto: ¿Qué parte de esta situación quiero controlar? Me doy cuenta de que detrás de mi impaciencia hay un deseo real e intenso de que las cosas salgan como yo quiero. Eso es difícil de vencer, pero es posible. Te invito a hablar con Dios la próxima vez que sientas impaciencia, y a entregarle tu ansiedad y tu preocupación. Es difícil, pero se aprende.

No se pueden acelerar las bendiciones de Dios, pero sí se las puede retrasar. Moisés y sus 1,6 millones de seguidores salieron de la esclavitud de Egipto hacia la tierra prometida en un viaje que debió realizarse en pocos meses, pero les llevó décadas. Tal vez quieras saber el porqué de este retraso. Uno de los autores de la Biblia, San Pablo, nos revela una pista: "Ni murmuréis, como algunos de ellos murmuraron, y perecieron por el destructor. Y estas cosas les acontecieron como ejemplo, y están escritas para amonestarnos a nosotros, a quienes han alcanzado los fines de los siglos" (1 Corintios 10:10, 11).

Los israelitas se quejaban de todo. Dar vueltas en el desierto no fue idea de Dios, fue la consecuencia de un espíritu negativo que demostró que no estaban listos para llegar adonde Dios quería. Por eso, cada vez que se quejaban Dios decía: "¡Otra vuelta!"

—No nos gusta la comida que nos das, Señor. Maná (pan del cielo) en la mañana, en la tarde y en la noche. ¡Estamos cansados del maná!

Entonces Dios decía:

—¿No les gusta la comida? ¡Otra vuelta!

—Señor, no nos gusta este líder que elegiste. Se apoya en su propia familia y no hace lo que queremos.

—¿No les gusta el líder? —respondía Dios— ¡Otra vuelta!

—No nos gusta el agua, está amarga.

—¿No les gusta el agua? ¡Otra vuelta!

Lo mismo puede estar pasando contigo. Puedes haber llegado a un desierto, y solo das vueltas. Hay movimiento, pero no progreso. Hay acción, pero no éxito. Tu vida parece un carrusel. Hay mucho movimiento, pero al final llegas al mismo lugar de donde saliste, con esa música irritante metida en tu cabeza. Si eso describe tu vida, pregúntate cómo está tu actitud. Acuérdate que no puedes adelantar la bendición. Solo puedes retrasarla.

¿Quieres ser un roble o un hongo?

Los hongos de tu jardín nacen, crecen y desaparecen en un día. En cambio, el roble crece con gran lentitud, pero puede soportar devastadoras tormentas. El éxito en la vida cristiana y en la vida en general se puede resumir en dos palabras: requiere tiempo.

No hay tal cosa como atajos para llegar a lugares que valen la pena. Dios puede trabajar en tu favor solo cuando eres paciente. Observa este texto: "Desde el principio del mundo, ningún oído ha escuchado, ni ojo ha visto a un Dios como tú, quien actúa a favor de los que esperan en él" (Isaías 64:4). Recuerda que con paciencia aun el caracol logró entrar en el arca de Noé.

La promesa más difícil de esperar

Estoy seguro de que has oído que Jesús volverá a este mundo otra vez para eliminar lo malo y restaurar lo bueno. Hace más de dos mil años que se espera su regreso. Los esclavos hebreos y Moisés esperaron durante 430 años la liberación prometida. Admito que es difícil esperar, y que a veces es fácil preguntar como los hebreos: "¿Hasta cuándo Señor?" En medio de esa espera, permíteme compartir contigo un poco de esperanza. Un escritor bíblico que fue discípulo de Jesús y lo vio ascender al cielo nos dice: "El Señor no retarda su promesa, según algunos la tienen por tardanza, sino que es paciente para con nosotros, no queriendo que ninguno perezca, sino que todos procedan al arrepentimiento" (2 Pedro 3:9).

Pensemos en un concepto llamado *esperanza*. Esperanza es vivir con seguridad y paciencia mientras llega lo que fue prometido. Podemos ilustrarlo así: A dos empleados se les asigna el mismo trabajo: ensamblar puertas de gabinetes. El mismo trabajo, haciendo la misma cosa, día tras día, semana tras semana, puede llegar a ser tedioso. Ahora supongamos que a uno de los empleados se le dice que al final del año recibirá 30.000 dólares, y al otro le prometen 30 millones de dólares. ¿Crees que esto haría una diferencia en cómo hacen su trabajo? Uno probablemente se quejará, pero el otro lo hará silbando. La diferencia entre estos obreros es la esperanza. La razón por la que puedes tener esperanza de que Jesús vendrá es que al estudiar la Biblia te das cuenta de que lo que Dios promete se cumple. San Pablo nos hace ver la conexión entre la esperanza y la paciencia: "Gozosos en la esperanza; sufridos en la tribulación; constantes en la oración"

(Romanos 12:12). Con esperanza se alegra el corazón, aunque las circunstancias no sean las mejores. La esperanza promueve la paciencia, y la oración fortalece la esperanza. La esperanza te recuerda que tu peor día no es el último. Abraza la esperanza y cultiva la paciencia, aunque estés ensamblando gabinetes.

Promesa para atesorar: *"No nos cansemos, pues, de hacer bien; porque a su tiempo segaremos, si no desmayamos"* (Gálatas 6:9).

Capítulo 2

El fracaso

Los pensamientos del diligente ciertamente tienden a la abundancia; mas todo el que se apresura alocadamente, de cierto va a la pobreza. Proverbios 21:5.

Moisés es reconocido como un gran líder. Su vida ha inspirado libros, sermones, películas, himnos y vídeos. Cualquiera diría que Moisés siempre tuvo éxito. Pero como tú y como yo, Moisés saboreó el fracaso. Por cada una de sus hazañas hay un fracaso correspondiente. Esto comenzó temprano en su vida. Lee con detenimiento este pasaje:

Muchos años después, cuando ya era adulto, Moisés salió a visitar a los de su propio pueblo, a los hebreos, y vio con cuánta dureza los obligaban a trabajar. Durante su visita, vio que un egipcio golpeaba a uno de sus compatriotas hebreos. Entonces Moisés miró a todos lados para asegurarse de que nadie lo observaba, y mató al egipcio y escondió el cuerpo en la arena.

Al día siguiente, cuando Moisés salió de nuevo a visitar a los de su pueblo, vio a dos hebreos peleando.

—¿Por qué le pegas a tu amigo? —le preguntó Moisés al que había empezado la pelea.

El hombre le contestó:

—¿Quién te nombró para ser nuestro príncipe y juez? ¿Vas a matarme como mataste ayer al egipcio?

Entonces Moisés se asustó y pensó: "Todos saben lo que hice". Efectivamente, el faraón se enteró de lo que había ocurrido y trató de matar a Moisés; pero él huyó del faraón y se fue a vivir a la tierra de Madián (ver Éxodo 2:11-15, NTV).

Moisés se fue lejos de todo lo que conocía. Durante cuarenta años se escondió en un desierto. Era un fugitivo del Imperio Egipcio, un hombre con pasado. ¿Qué haces cuando fracasas y te sientes olvidado? Cuando el fracaso nos toca, la pregunta más importante que debemos formularnos es: *¿Por qué?* La mayoría de las veces podemos encontrar la respuesta a esta pregunta. Un buen lugar para comenzar es la Biblia.

La separación de Dios

La primera razón que la Biblia nos da para el fracaso es la separación de Dios. El mismo Moisés advirtió a su pueblo: "Y Jehová enviará contra ti la maldición, quebranto y asombro en todo cuanto pusieres mano e hicieres... a causa de la maldad de tus obras por las cuales me habrás dejado" (Deuteronomio 28:20).

Antes de continuar, debo afirmar que la salvación es solo por gracia, mediante la fe. No la merecemos, no la podemos ganar y no tenemos ningún mérito para adquirirla. Pero así como la salvación es por gracia, la obediencia trae prosperidad. La Biblia abunda en ejemplos de conexión entre la obediencia y las bendiciones, y también de conexión entre la desobediencia y el fracaso. No todas las personas que se separan de Dios experimentan el fracaso inmediatamente, pero siempre ocurre.

Tal vez tu vida no sea todo lo maravillosa que deseabas, ni el plan A, ni el B ni el C te funcionaron. Quizá todo lo que tocas se convierte en polvo y no en oro como fue el caso del mítico rey Midas. "Crisis" es tu segundo nombre, y los problemas y las dificultades son tus constantes compañeras en el viaje de la vida. Si ahora mismo adviertes que estás fracasando, te sugiero que examines tu relación con Dios. Mientras más lejos estés de Dios, más cerca estarás del fracaso. La razón por la que Moisés fracasó fue por pretender depender de sí mismo y no de Dios.

El fracaso

La Biblia menciona algunos beneficios de la relación con Dios. Estos beneficios contribuyen a una excelente salud física, emocional y espiritual, mientras que la ausencia de Cristo en la vida nos priva de ello. Estos son dos beneficios:

Consejo. En las Crónicas leemos: "Y persistió en buscar a Dios en los días de Zacarías, entendido en visiones de Dios; y en estos días en que buscó a Jehová, él le prosperó" (2 Crónicas 26:5). Los seres humanos se ven afectados por su pasado y preocupados por su futuro, lo que influye directamente sobre su presente. Pero Dios es distinto. Borra nuestro pasado, se encarga del futuro, y nos brinda paz en el presente, porque nos guía por el camino de la vida. Tener un GPS (sistema de posicionamiento global) sobrenatural no es solo importante, sino necesario para prosperar.

Apoyo. En el libro de Job leemos: "Tus palabras daban apoyo a los que caían; animabas a los de rodillas temblorosas" (Job 4:4). Cuando las cosas se pongan difíciles, encontrarás tres tipos de personas:

- Los que te pueden ayudar, pero han decidido no hacerlo.
- Los que no te pueden ayudar, pero les gustaría ayudarte.
- Los que te pueden ayudar y desean hacerlo de todo corazón.

Solo Dios está siempre en la tercera categoría.
Recuerda esto:

- Solo porque no sientes su presencia, no significa que Dios no es real.
- Solo porque no ves su trabajo en ti, no significa que no lo esté realizando.
- Solo porque no estés de acuerdo con su plan, no significa que su plan no sea el correcto.

Los atajos

La segunda razón por la que fracasamos es por tomar atajos. Cuando Moisés vio que su gente era atacada, en vez de buscar ayuda y el consejo Dios, se adelantó y tomó una decisión apresurada. El atajo es una senda que abrevia el camino. Pero hay cosas en la vida que requieren tiempo. La paciencia no es como la comida rápida; es como una cena de Acción de Gracias.

Hay una conexión directa entre la impaciencia y los atajos. Tomar atajos en la vida es una manifestación externa de una realidad interna. Acuérdate del concepto que aprendimos para superar la impaciencia: No puedes hacer mucho para acelerar las bendiciones que Dios te otorga, pero puedes hacer muchísimo para que estas se tarden.

La manera más rápida de que una bendición para nuestra vida se retrase es una mala actitud. Esto nos hace decir cosas como las siguientes:

- *¿Por qué me casé con él?*
- *¿Por qué Dios no me bendice?*
- *¿Por qué mis hijos no se portan como los demás niños?*
- *¿Por qué él tuvo un ascenso y yo no?*
- *¿Por qué ella se casó y yo sigo soltera? ¿No ves como es ella, Señor?*

En mis 25 años de ministerio cristiano, he visto fracasar a muchas personas impacientes en las siguientes áreas:

Relaciones. La soledad puede afectarte. Entiendo que mantenerte soltero(a) es algo muy difícil mientras ves que tus amigos se van casando, pero una relación apresurada puede ser devastadora. Si te sientes muy solo(a), cómprate una mascota. No apresures el amor.

Finanzas. No hay una estrategia para hacerse rico de inmediato. Se ha comprobado que la mayoría de las personas que ganan la lotería pierden ese dinero en poco tiempo. Invertir dinero en estructuras piramidales o no saber nada acerca de tus inversiones puede destruir tu economía y dejarte sin un centavo.

Cambios inmediatos. La tentación de dejar algo que no te ha salido bien es real. Ten cuidado de huir de una situación que parece externa cuando en realidad es interna. No importa hacia dónde huyas, el problema irá contigo. Solo el poder de Dios te sostendrá; por lo tanto, ten paciencia.

La razón por la que tomamos atajos y fracasamos es que siempre afirmamos que lo sabemos todo, pero no es así. Deja que Dios controle tu vida. Mientras vivas, enfrentarás estas realidades:

- Hay cosas que nunca podrás cambiar. Déjalas atrás.
- Hay cosas que cambiarán lentamente. Ten paciencia.
- Hay cosas que necesitan ser cambiadas de inmediato. Atrévete a cambiarlas.

La solución consiste en tener el discernimiento espiritual para saber qué es lo correcto.

El orgullo

La tercera razón por la que las personas fracasan es el orgullo. Nada hay de malo en tener confianza en sí mismo. Una persona que confía en sí misma tiene suficiente inteligencia como para reconocer que no lo sabe todo, que no puede hacerlo todo, y que para prosperar necesita la ayuda de Dios. Aceptar los errores cometidos y aprender de otros no es señal de debilidad sino de fortaleza. La vida acomodada de Moisés en el palacio lo tornó en un hombre orgulloso. El orgullo no conduce a nada bueno.

Las tres palabras más peligrosas de la lengua española son: "Yo ya sé". Tengo un hijo adolescente que aprendió estas palabras rápidamente, supongo que de su mamá (o no sé si de mí, ¿quién sabe?) A él le encanta decirme cómo se arreglan las cosas, cómo terminarlas, cómo hacer cualquier tarea; en fin, todas las cosas que un hombre puede hacer. Procuro ser paciente con él, porque cuando tenía su edad yo era igual. Además, lo amo mucho; pero, honestamente, debo decir que ¡es muy difícil!

El orgullo nos lleva al fracaso de las siguientes maneras:

Es difícil relacionarse con un orgulloso. A nadie le gusta estar con un sabelotodo. ¡Creo que ni a él mismo le gusta! A mayor grado de orgullo, más difícil es relacionarse con este tipo de personas. La razón por la que Dios tuvo que mandar a Moisés a cuidar ovejas en el desierto durante cuarenta años fue para que se diera cuenta de que antes de dirigir a otros, tenía que aprender a dirigirse a sí mismo. El orgulloso hiere a los demás de las siguientes maneras:

- Actúa como si fuera superior, menospreciando a los demás.
- Es incapaz de admitir sus errores, lo que frustra a los demás.
- No puede escuchar a los demás, y así se distancia de ellos.

El orgullo tiene su raíz en la visión distorsionada que se tiene de uno mismo. Las personas que tienen baja estima propia lo compensan actuando orgullosamente. Esto solo sirve para distanciarse de los demás, sobre todo de quienes las aman. Aconsejo a los padres que admitan sus errores ante sus hijos. A diferencia de la creencia popular, admitir un error ante un hijo es adquirir más fortaleza y ganar su confianza. Reconocer un error ante tu hijo nunca te hará más débil. El apóstol Pablo recomendó: "Vivan en armonía unos con otros. No sean tan orgullosos como para no disfrutar de la compañía de la gente común. ¡Y no piensen que lo saben todo!" (Romanos 12:16, NTV).

Es difícil ser bendecido cuando se es orgulloso. Una de las maneras más rápidas de arruinar los mejores momentos de la vida consiste en publicar a viva voz nuestros triunfos. La tentación de apropiarse de la gloria de Dios tiene graves consecuencias. Si Dios ha detenido tus mejores triunfos, la primera pregunta que debes hacerte es: *¿Ha sido Dios glorificado plenamente?* Esta es una de las declaraciones más poderosas acerca de este asunto: "Él da gracia con generosidad. Como dicen las Escrituras: 'Dios se opone a los orgullosos pero da gracia a los humildes' " (Santiago 4:6, NTV). Muchas veces he escuchado a ciertas personas culpando a Satanás por sus fracasos y su falta de crecimiento personal, pero es Dios quien está interviniendo para corregir sus malos deseos.

Soy un fanático de los deportes. Sigo a los Vaqueros de Dallas y a los Yankees de Nueva York. Una de las preguntas clave que se hace cualquier jugador es: *¿Cuándo debo retirarme?* He visto a excelentes jugadores ya entrados en años que por orgullo no toman esa decisión, y están sentados en la banca o terminan siendo "liberados" por sus equipos, todo por el orgullo. Es muy difícil admitir que ya no puedes jugar al mismo nivel que antes. Siempre habrá uno más joven, más rápido y mejor que tú. Las nubes del orgullo distorsionan la percepción de ti mismo. Por lo tanto, es importante rodearse de personas que nos digan también "no puedes", en lugar de rodearte de personas que te digan "sí puedes", aunque todos sepan que no.

La Biblia es muy clara cuando habla del orgullo. El orgullo precede al fracaso y a la destrucción. El sabio Salomón escribió: "El orgullo va delante de la destrucción, y la arrogancia antes de la caída" (Proverbios 16:18).

Como Dios sabía que nuestro amigo Moisés y su millón seiscientos mil compañeros iban a fracasar, les mandó construir un lugar donde podían confesar que habían pecado. Se llamó "el Santuario". Las personas iban y sacrificaban un corderito inocente que simbolizaba que los errores, pecados y fracasos tienen consecuencias. Ese primer Santuario simbolizaba el deseo de Dios de relacionarse con sus hijos y recordarnos que nuestros fracasos son *eventos*, no parte de nuestra *identidad*. Estas palabras revelan el deseo intenso de un Dios que siempre está buscando relacionarse con nosotros: "Y harán un santuario para mí, y habitaré en medio de ellos" (Éxodo 25:8).

¡Qué privilegio! El Dios santo y perfecto quiere reunirse conmigo, pecador e imperfecto. Hoy ya no sacrificamos corderos, pero cada semana vamos al santuario, la iglesia, para recordar que Dios envió al mundo a su Hijo único para morir por nosotros. Él es "el cordero de Dios que quita el pecado del mundo" (S. Juan 1:29).

¿Cuándo fue la última vez que fuiste a la iglesia? Hay personas que solo van tres veces en su vida. La primera vez les echan agua, la segunda arroz, y la tercera tierra. Ese no es el plan. A la iglesia vamos:

- A alabar al Dios que convierte nuestros fracasos en victorias.
- A aprender cómo vivir en el ambiente de esa victoria.
- A ayudar a otros para que también experimenten la victoria.

Te invito a la iglesia este sábado. Si deseas información acerca de una iglesia cercana a tu casa donde se alaba a Dios, se aprende y se ayuda al necesitado, esta página de Internet te será útil: https://www.adventist.org/es/iglesia-mundial/division-norteamericana/. Pulsa el botón en la barra amarilla superior que dice *"Find a Church"*.

Ven, no te arrepentirás.

Promesa para atesorar: *"[Dios] te envíe ayuda desde el santuario, y desde Sion te sostenga"* (Salmo 20:2).

Capítulo 3

Las finanzas I

Entonces volvió Moisés a Jehová, y dijo:
Te ruego, pues este pueblo ha cometido un gran pecado,
porque se hicieron dioses de oro. Éxodo 32:31.

Hay dos actitudes acerca del dinero que son perjudiciales. La primera es que el dinero no importa. Si crees eso, díselo al cajero la próxima vez que vayas a pagar tu comida. Por supuesto que el dinero importa. La otra es que el dinero es todo lo que importa. Ese fue el problema que tuvo Moisés en el texto bíblico citado. Moisés tenía un problema con los israelitas, porque en vez de usar el oro, lo adoraban.

Esos dos problemas persisten hoy. Unos descuidan a su familia porque no administran bien el dinero, y otros descuidan a su familia por su afán de buscar el dinero.

¿Cuál es la clave para tener una vida financiera saludable? ¿Dónde está el equilibrio? ¿Cómo podemos usar el dinero sin adorarlo?

Hace poco leí un artículo acerca de los ganadores de premios de lotería. Es lógico pensar que estas personas que se acostaron pobres y se levantaron ricas, estarían gozando, pero en la mayoría de los casos ha sucedido lo contrario. Con más dinero llegaron más problemas. De pronto aparecieron familiares que no habían conocido, pidiéndoles dinero. Comenzaron las disputas familiares, y varios de los ganadores terminaron divorciándose. Debido a que sus hábitos de compra eran los mismos, apostar y jugar a la lotería, así como entró el dinero, así salió. Muchos de los ganadores, en menos de cinco años tenían la misma cantidad de dinero que antes de ganar el premio, pero ahora con la pérdida de relaciones significativas.

Todos tenemos ~~problemas~~ soluciones

¿Entonces, cuál es la clave? Deja de esperar que un tío viejo se muera y te deje la herencia o que te ganes la lotería. La clave está en seguir las pautas establecidas por Dios en su Palabra, lo que convierte el dinero en una herramienta y no un ídolo. Quizá te sorprenderás de que la Biblia contenga más de 2.500 referencias a las finanzas. Dios sabía lo importante que sería para nosotros entender este tema.

Uno de los mayores problemas en la actualidad es la incapacidad de manejar con sabiduría el dinero. El propósito de este capítulo es destacar los principios financieros que contribuyen a la prosperidad. Primero es necesario entender tres cosas respecto a las finanzas:

- Cuál es la parte que te corresponde respecto a las finanzas.
- Cuáles son los peligros que ocasionan las finanzas.
- Cuáles son los propósitos de las finanzas.

Mi parte

Lo primero que te conviene reconocer es que eres un administrador, no el dueño de tu dinero. Mientras más pronto entiendas este concepto, mejor será. Ahora te pregunto: "¿Si ganas 1.000 dólares, ¿cuántos de esos 1.000 dólares son de Dios?". Generalmente, la mayoría contesta, "100 dólares", pues piensa en el diezmo, pero la respuesta es incorrecta. En realidad, ¡todo es de Dios! Cuando pensamos que solo una parte es de Dios, manejamos el resto como si fuera nuestro. Eso es lo que ocasiona las limitaciones, pues la Biblia dice: "Mía es la plata, y mío es el oro, dice Jehová de los ejércitos" (Hageo 2:8).

Aunque Dios solo te pide que le devuelvas un porcentaje fijado por él, y que administres el resto, no te confundas; debes administrar la parte que te queda según los principios bíblicos, pues Dios también habla de ello. No se trata de aplicar principios espirituales a una parte y gastar el resto como si no conociéramos lo que la Biblia dice acerca de las deudas, las ganancias deshonestas y el materialismo. Uno de los mejores textos bíblicos respecto a la administración, dice así: "¿Quién de vosotros, queriendo edificar una torre, no se sienta primero y calcula los gastos, a ver si tiene lo que necesita para acabarla?" (S. Lucas 14:28). Esta breve declaración contiene cuatro principios bíblicos que aseguran una mejor administración de nuestras finanzas.

a. *Fíjate metas*: La persona aludida en el pasaje anterior tenía tres metas. Primero, quería ser constructor. En segundo lugar, quería construir torres. Y en tercer lugar, quería construir una torre a la vez. ¿Quieres ser un buen administrador? Establece metas claras, específicas, asequibles. Te preguntarás por qué las metas son importantes. Porque si no sabes hacia donde vas, ya llegaste. Así como Moisés se propuso llegar a la tierra prometida a pesar de los obstáculos, tú también debes establecer tus metas. Toda persona que alguna vez hizo algo significativo se fijó metas.

b. *Piensa primero*: Antes de construir, el hombre se sentó primero. Sentarse implica pensar. No tomó decisiones emocionales, apresuradas o irreflexivas. El mismo consejo se aplica a nosotros. Si tomáramos las decisiones financieras con más calma, después tendríamos menos sufrimiento.

Debemos recordar que aquellas cosas que pensamos que son necesarias, como un auto o un teléfono celular, una gran parte del resto de la humanidad las ve como un lujo. Si vives en un país industrializado, estás entre el 2 por ciento de los más ricos del mundo. En ese contexto de prosperidad general, te conviene utilizar la sabiduría que Dios te dio para hacer la diferencia entre las siguientes cosas:

- ¿Qué es esencial? ¿Qué es un antojo?
- ¿Qué es necesidad? ¿Qué es deseo?
- ¿Qué es imprescindible? ¿Qué es un lujo?

La pregunta clave es: ¿De qué estás dispuesto a prescindir para alcanzar tus metas financieras?

Hace algunos años mi esposa y yo tuvimos un recorte de salario. Eso nos indujo a repasar todos nuestros gastos mensuales para determinar dónde podíamos cortar. Nos dimos cuenta de que en el teléfono de la casa, el cable y la Internet estábamos gastando 250 dólares cada mes. Cortamos los tres. Cuando mis hijos supieron que no iban a tener servicio de cable durante un tiempo indefinido, casi les da un infarto, pero me alegra informarte que sobrevivieron. Encontramos otras maneras más productivas de pasar el tiempo, como leer un libro o jugar afuera, y nadie se murió. Lo que nos enseñó ese tiempo de austeridad es que se puede vivir sin ciertas comodidades. Una persona sabia puede discernir entre las cosas que son realmente importantes y las que tenemos porque la sociedad dice que así debe ser, o porque todos las tienen.

c. *Calcula tus gastos*: El texto dice: "A ver si tiene". ¡Qué frase tan poderosa! La pregunta no es, ¿cuánto es el pago por mes?, sino, ¿cuánto cuesta? Un presupuesto es lo que le dice a tu dinero adónde debe ir, en vez de que te preguntes adónde se fue. Si un día vas al hospital a causa de un fuerte dolor, y en base a los exámenes de laboratorio que te hicieron los médicos concluyen que necesitas una cirugía, ¿qué haces? Probablemente escucharás infinidad de consejos de tu abuelita, tu mamá y tus amigos con diversos tratamientos efectivos. Quizá quieras intentar con la homeopatía o con otro método alternativo. Sin embargo, al final del día te darás cuenta de que si no te operan seguirás con el dolor, que va aumentando en intensidad. Así también, cuando tus finanzas son sometidas a la radiografía de un presupuesto, apresúrate a introducir los cambios necesarios para evitar dolores de cabeza. Medita en esto: "Las personas sabias piensan antes de actuar; los necios no lo hacen y hasta se jactan de su necedad" (Proverbios 13:16, NTV).

d. *Persevera siempre*: Muchas vidas están llenas de proyectos comenzados y pocos terminados. Persevera y descubre el placer de ver algo terminado. No se puede prosperar en un día, se va prosperando al tomar las decisiones correctas diariamente.

Persevera hasta salir de deudas. Salir de deudas es como perder y ganar peso. ¿Qué es más fácil? La gente que quiere perder peso sale a correr con bolsas plásticas para sudar, no comen durante una semana, y cuando se pesan notan que perdieron medio kilo (una libra). Entonces deciden salir a cenar para celebrar. Se comen unas tortillas con arroz y plátanos fritos, un refresco y un flan. Luego se pesan y ven que aumentaron dos kilos y medio (cinco libras). Estoy exagerando, pero tú entiendes el concepto. Lo mismo sucede cuando se quiere salir de las deudas. Hay que perseverar, hay que luchar y hay que esperar. Es posible liberarse de las deudas si se procede con perseverancia.

El ejemplo de Moisés y su pueblo es una excelente ilustración de esto. El desierto en el que anduvieron durante cuarenta años no era agradable. Había calor y serpientes. Tenían que instalar las carpas y luego quitarlas, pero seguían perseverando, hasta que llegaron. Nunca nadie dijo que iba a ser fácil. Volver a Egipto no era una opción. Persevera y verás mejores días.

Los peligros

Hay tres peligros que debemos evitar, los que, si no somos cuidadosos, nos causarán problemas.

1. *La seducción de las riquezas*. El consejo bíblico dice: "Cuídate de no dejarte *seducir* por las riquezas" (Job 36:18, NVI; énfasis agregado). La palabra clave para esta reflexión es "seducir". Esta palabra tiene que ver más con el corazón que con la mente. Nos habla de sentimientos, de pasión, de interés. Es curioso, pero a menudo escuchamos frases como estas acerca de las compras que alguien hace:

- "Me enamoré de ese auto y lo compré".
- "Me enamoré de ese vestido".
- "Me enamoré de esa casa".

Todos tenemos ~~problemas~~ soluciones

Yo me pregunto: ¿Cómo puede un objeto sin vida, lograr que alguien se enamore de él? Este peligro es precisamente el que Dios quiere evitarnos. Por este problema es que Jesús dijo: "Ninguno puede servir a dos señores; porque o aborrecerá al uno y amará al otro, o estimará al uno y menospreciará al otro. No podéis servir a Dios y a las riquezas" (S. Mateo 6:24).

2. *La obsesión por el dinero.* Una persona enamorada de alguien que no puede o no quiere corresponderle, puede caer en la obsesión. Si permites que el dinero sea el objeto de tu amor, pasar de la seducción a la obsesión será más fácil de lo que crees. La razón es sencilla. Las cosas materiales no pueden corresponder a tu amor. Hay solo dos opciones en tu trato con el dinero: o lo controlas, o él te controla a ti. Tú puedes pensar que tienes el control, pero antes contesta estas preguntas:

- ¿Descuidas a tu familia por causa del trabajo?
- ¿Te cuesta dejar tus tareas en el lugar de trabajo?
- ¿Sigues pensando en el trabajo aun cuando andas de vacaciones o en tus horas de descanso?
- ¿Qué es lo primero que piensas al levantarte o al acostarte?
- ¿Piensas en el trabajo o en las finanzas cuando oras, lees la Biblia o estás en la iglesia?
- ¿Escogiste tu carrera calculando lo que ibas a ganar?
- ¿Compras cosas que están en oferta, aunque no las necesites?
- Cuando sales a comer, ¿comes más cuando otro va a pagar la comida?
- ¿Es tener más dinero el objetivo en tu vida?

3. *Los compromisos inconvenientes.* El sabio Salomón aconseja: "No seas de aquellos que se comprometen, ni de los que salen por fiadores de deudas. Si no tuvieres para pagar, ¿por qué han de quitar tu cama de debajo de ti?" (Proverbios 22:26, 27).

Si atendiéramos este consejo, nos evitaríamos muchos problemas. Es muy arriesgado dar tu firma y confiar en que la otra persona pagará. ¡Tú no puedes controlar las decisiones ajenas! Puede ser que hoy sean amigos, que se lleven bien y que sus finanzas estén en orden, pero mañana la situación puede cambiar. Tu amigo se puede accidentar y quedar incapacitado para trabajar. Puede enojarse contigo y, con tal de herirte, decidir dañarte el historial de crédito. Lo puede sorprender un divorcio, una crisis financiera o la muerte, en fin, un sinnúmero de problemas que tú no puedes controlar. Si firmas por otra persona, prepárate para pagar por algo que no usarás. ¡No lo hagas!

Una dama recibió la noticia de que su esposo estaba en una ventana de un décimo piso y quería suicidarse. Ella corrió a la escena y, queriendo hacerlo desistir, comenzó a gritarle:

"¡Mi amor, no acabes con tu vida! ¡Tienes mucho por vivir! ¡No te puedes morir ahora! ¡Tenemos que pagar la casa, debemos cuatro años del pagaré del auto, acabamos de comprar los muebles a crédito, y nuestros hijos entrarán este año en la universidad! ¡No nos puedes dejar ahora!"

¿Qué crees que hizo el esposo?

A veces las finanzas están tan mal, que nos dan ganas de tirarnos de un décimo piso, o por lo menos arrojar de ahí a los cobradores que nos llaman a la hora de cenar. ¡No desesperes! ¡Si confías en Dios, hay esperanza! Comienza a cambiar tu situación poco a poco, día tras día, un dólar a la vez. Recuerda que el oro es para ser usado, no adorado.

Y eso nos lleva a la segunda parte de este tema. Acompáñame al próximo capítulo.

Promesa para atesorar: *"¿Y qué beneficio obtienes si ganas el mundo entero pero pierdes tu propia alma? ¿Hay algo que valga más que tu alma?"* (S. Mateo 16:26, NTV).

Capítulo 4

Las finanzas II

Entonces volvió Moisés a Jehová, y dijo:
Te ruego, pues este pueblo ha cometido un gran pecado,
porque se hicieron dioses de oro. Éxodo 32:31.

No todo lo que brilla es oro. A veces por adorar el oro nos
metemos en problemas. En 1996, junto con mi esposa y
Vanesa, mi primera hija, me encontraba en la Universidad An-
drews, en Michigan. Un día, uno de mis amigos compartió con
nosotros un "plan increíble" que nos sacaría de la pobreza. Con
mucho ánimo y muy convencido de lo que decía, nos invitó a una
reunión en la que nos explicaría todos los detalles. Un tanto cu-
riosos, asistimos a la cita. Ahí nos presentaron *el tremendo plan
para alcanzar la "independencia financiera"*: ¡el proceso para llegar a ser rico, y, por consiguiente, feliz! Sería muy fácil. Solo tendríamos que hacer dos cosas: Vender tarjetas para hacer llamadas
de larga distancia, y conseguir tres personas que contactasen a
tres más, y así continuar la cadena de ventas. Si hacíamos eso (según ellos, algo muy fácil), recibiríamos un porcentaje de las ganancias de las ventas de esas personas. Esto permitiría que nuestra familia no trabajase más y, por consiguiente, nos quedaríamos
en casa solo esperando los cheques.

¡Qué tremendo plan! ¿No te parece? Para "colmo de col-
mos", el presentador mostró a todos los asistentes un cheque que
él ya había recibido por sus ventas. ¡Qué maravilloso! ¡Qué emo-
cionante! ¡Qué fácil! Solo se necesitaba aportar 360 dólares para
poder disfrutar de esta oportunidad única. Mientras más rápido
ingresáramos en la compañía, más ganancias tendríamos. Para
tranquilizar nuestras inquietudes, el presentador explicó que, si

no podíamos vender mucho o si por "cualquier razón" no deseábamos continuar en el negocio, podríamos devolver el producto. A su vez, el dinero que habíamos invertido (360 dólares) nos sería devuelto. Con una seguridad absoluta, mi esposa y yo decidimos embarcarnos en tan segura empresa, pues los ánimos estaban dispuestos, y el deseo de hacer dinero era enorme. (¿Alguien puede decir becerro de oro?).

La idea de que mucha gente nos compraría las tarjetas de llamadas nos motivaba en gran manera, ya que teníamos muchas amistades a las que podíamos presentarles el negocio. Estábamos emocionados, pues las expectativas de éxito eran cada vez mayores, pero había un problema. Nadie estaba comprando tarjetas de larga distancia. Además, se nos había olvidado un detalle: vivíamos en un pueblo pequeño, donde muchos de los vecinos eran estudiantes (mejor traducido, "el que no tiene dinero") como nosotros. Y para completar la dificultad, ni a mi esposa ni a mí nos agrada tocar puertas para vender. Eso sí era un problema. Durante un par de semanas intentamos contactar a varios amigos, pero algunos ya estaban vendiendo tarjetas y otros no estaban interesados. Al fin tuvimos que aceptar la triste realidad: No hay nada como "dinero fácil", y si algo parece demasiado bueno para ser verdad, probablemente lo es.

Recordamos que en la presentación nos habían dicho que si devolvíamos las tarjetas nos regresarían el dinero. Llamamos a la compañía y nos dijeron que se las enviáramos. Así lo hicimos. Esperamos una semana, dos, tres. A la tercera semana llamamos a la compañía para indagar por qué nuestro dinero no llegaba, pero el teléfono de ellos estaba desconectado. Terminamos perdiendo los 360 dólares que pagamos por el producto, diez dólares por el costo del envío, y peor aún: ¡No llegamos a usar ninguna de las tarjetas de larga distancia! A uno de nuestros amigos no le fue tan mal, ya que, aunque no recuperó su dinero, fue tan sagaz que utilizó las dichosas tarjetas.

El dinero es amoral, es decir, no es bueno ni malo. Es como

un ladrillo, que se puede usar para construir una hermosa chimenea o para romperle la ventana al vecino que tiene la música a todo volumen a las tres de la mañana. El problema no es el dinero, sino cómo se usa. Este adopta las mismas características de su dueño, y hace al mismo más de lo que ya es. Hay tres razones por las que Dios creó el dinero.

El dinero debe ser ahorrado

Los expertos en finanzas dicen que, por lo menos, debemos ahorrar el cinco por ciento de lo que ganamos cada vez que nos pagan. El principio del ahorro es uno que desarrollaremos más adelante, pero convengamos en que es importante desarrollar este hábito.

¿Por qué ahorrar? Repasemos algunas buenas razones:

- *La riqueza real se basa en cuánto tienes y no en cuánto debes.* En un mundo de apariencias, no todo lo que vemos es como parece. Poseer una casa lujosa, un auto último modelo y vestir ropa de última moda no es necesariamente señal de riqueza; pudiera ser, por el contrario, muestra de endeudamiento. El ahorro es tener. El crédito es deber.
- *El ahorro trae seguridad y paz mental.* Nunca será igual el sueño de una persona que tiene ahorros que el sueño de quien, como comúnmente se dice, "no tiene ni en qué caerse muerto". En cada caso, el presente y el futuro se ven desde una óptica diferente.
- *El ahorro permite enfrentar imprevistos sin tener que incurrir en deudas.* La pérdida repentina del empleo, un accidente, la pérdida de un ser querido, las fallas del auto o el desperfecto inesperado del calentador en pleno invierno, a pesar del dolor o el estrés que puedan provocar, se enfrentan de mejor manera si tenemos ahorros. No agregues al dolor de la pérdida el estrés del endeudamiento.
- *El ahorro permite aprovechar las oportunidades.* Ya sea ese

juego de cacerolas o de cuchillos que la señora de la casa
había querido y que ahora está en oferta, o las vacaciones
de ensueño, o el auto que querías o la casa que deseas,
quizás el viaje del hijo o la computadora en oferta; si tienes ahorros es mucho más fácil conseguirla. Ya lo dijo
Samuel Johnson, el ensayista inglés: "El hombre que sabe
gastar y ahorrar es el más feliz, porque disfruta de ambas
cosas".

- *Al tener deudas abusamos del futuro, con el ahorro lo facili-
tamos.* Al endeudarte, compromete tu futuro debido a
las obligaciones adquiridas; pero cuando ahorras, te pre-
paras para una vida de mayor prosperidad, en la que tú
tienes el control.

- *Garantizamos la estabilidad familiar.* Los pleitos y los
problemas, los enojos y sinsabores de la familia, normal-
mente se asocian con la falta de recursos y/o con el mal
uso de ellos. Cuán diferente es cuando se tiene la disciplina del ahorro.

- *Les brindamos mejores oportunidades a los hijos.* En la medida en que facilites y equipes de la mejor manera a tus
hijos en su carrera, mucho más exitosos serán. Ahorrar
para garantizar la educación de tus hijos es una inversión
que dará grandes dividendos económicos, así como de
realización y satisfacción.

- *Podemos devolverle más a Dios y ayudar a los necesitados.*
Hay varias razones por las que las personas no dan para la
causa de Dios; la mayoría se asocia con la inmadurez espiritual. Pero es triste saber que hay quienes quisieran dar
de corazón, pero no pueden por estar inmersos en deudas.
Cuando el ahorro, más que el endeudamiento, forma parte de tu estilo de vida, podrás devolver más dinero a Dios
y dar al necesitado sin remordimientos ni dilación.

Medita en lo que dice la Biblia: "Todo hombre prudente

procede con sabiduría; mas el necio manifestará necedad" (Proverbios 13:16).

Parte del ahorro consiste en tener un buen presupuesto. Hay un ejercicio útil para organizar el presupuesto familiar. Durante dos meses, guarda todos los recibos de lo que gastes, ya sean gastos mínimos, como el refresco que compraste o un gasto grande como el pago del alquiler de la casa. Cuando termine el mes te darás cuenta de que la mayor parte del dinero se va en cosas pequeñas. No fue el alquiler de la casa ni el pago del auto lo que te dejó sin dinero; fueron las salidas a comer y los antojitos.

Se requiere disciplina para tener y mantenerse dentro de un buen presupuesto. Es difícil decir "no" a un gasto pequeño. Por eso es que ambos, hombre y mujer, deben estar de acuerdo por adelantado, de cuándo y cómo van a gastar su dinero.

Al terminar los dos meses, si no antes, ¡ahora!, formula un presupuesto familiar y personal. Este es un ejemplo de un presupuesto sencillo. Modifícalo, redúcelo, cámbialo; pero, por favor, ¡ponlo en práctica!

Categoría	Porcentaje del salario
1. Dios = diezmos y ofrendas	10 por ciento = diezmo 1 – 5 por ciento = ofrenda
2. Alquiler/hipoteca de la casa	20 – 35 por ciento
3. Comida	15 – 25 por ciento
4. Transporte	10 – 15 por ciento
5. Ropa	5 por ciento
6. Gastos médicos	5 por ciento
7. Ahorros	5 – 10 por ciento
8. Entretenimiento, recreación	3 – 5 por ciento
9. Deudas	0 – 10 por ciento
10. Otros gastos inesperados	3 – 5 por ciento

El dinero debe ser dado

Cuando damos, beneficiamos a otras personas, y hacemos sonreír a Dios. Un filántropo decía: "Yo saco mi dinero con una pala y se lo doy a Dios, y él hace lo mismo cuando me da. Lo interesante es que la pala de Dios abarca más que la mía". Cuando le damos primero a Dios, estamos haciendo una declaración espiritual de que somos dadores primero, consumidores después. Este es el principio de la "mano abierta". Es un principio sencillo pero importante. Cuando extendemos nuestras manos hacia Dios, él las llena, pero nos pide que no las cerremos, sino que las mantengamos abiertas para que otros también puedan beneficiarse.

Hemos de devolver a Dios primero lo que es suyo. 1) Cuando obtenemos un empleo podemos darle a Dios el salario del primer día. Esa sería la primicia. 2) Siempre que recibamos nuestro salario, hemos de devolverle a Dios el diez por ciento. Ese es el diezmo.

Las primicias y los diezmos son devoluciones de lo que Dios se ha reservado. Son actos de honestidad. Si quieres manifarle a Dios tu gratitud y tu amor, dale una ofrenda, el porcentaje que tú prefieras.

Las primicias. Respecto a las primicias, la Biblia nos dice: "Honra a Jehová con tus bienes y con las primicias de todos tus frutos" (Proverbios 3:9). Existen algunos casos bíblicos respecto a la entrega de primicias:

Caín y Abel (Génesis 4:1-5). Abel le trajo a Dios de las primicias de su rebaño, y Dios lo vio con agrado. Caín no trajo a Dios de las primicias de sus rebaños, sino que trajo algo que él tenía de los productos de la tierra. A Dios no le agradó.

Jericó (Josué 6). Dios ordenó que nadie se apoderara del botín de Jericó, que sería la primera ciudad conquistada en Canaán. Todos los tesoros de Jericó serían para el Santuario de Dios, porque Dios era el verdadero conquistador. A él debían dedicar y consagrar el botín, por ser la primera ciudad que él les entregaba.

Todos tenemos ~~problemas~~ soluciones

El General divino debía recibir la primicia de la conquista. Era un reconocimiento de su autoridad. Eso les aseguraría la vida y el éxito en la conquista y posesión de toda Canaán. Pero un soldado llamado Acán no hizo caso. Su acto de rebelión y desobediencia a esta orden explícita tuvo graves consecuencias (ver Josué 7).

Para los israelitas, lo primero de la cosecha era de Dios (Deuteronomio 26). Había una fiesta religiosa muy importante, la fiesta de las primicias. Moisés les enseñó este principio a los hebreos, el cual aprendió de Dios (ver Levítico 23:9-11).

Cuando das las primicias, te conviertes primeramente en un dador, y luego en un consumidor. Tu acto de dar activa la bendición sobre el resto de tu dinero. Consagrar a Dios las primicias es la manera básica en que podemos reconocer la soberanía de Dios sobre todas las cosas, especialmente sobre nuestras finanzas.

El diezmo. El diezmo es la devolución a Dios de la décima parte de nuestras ganancias, algunos recomiendan que si no puedes dar el diez por ciento, que comiences dando el cinco por ciento, y vayas aumentando el porcentaje. Es como si alguien dijera: "El año pasado robé diez bancos, este año, por la gracia de Dios, quiero mejorar: solo voy a robar cinco". La obediencia parcial es desobediencia total. Antes de comenzar a gastar tu dinero, dale a Dios el diezmo, y verás cómo tu salario te rinde más.

La entrega del diezmo no es un donativo, es la devolución a Dios del procentaje que se ha reservado para sí en la sociedad que tiene con nosotros.

La ofrenda. No hay un porcentaje fijo para ofrendar. Puedes dar lo que gustes o lo que puedas. Ofrendar es un acto de amor. Es un buen recordatorio de que Dios ya dio su ofrenda, y fue muy superior a lo que tú puedas dar y a lo que pueda darle toda la humanidad, porque él ofrendó a su Hijo en la cruz del Calvario para salvación de todos, y para que tengamos una ganancia infinita, la vida eterna.

La primicia y el diezmo miden tu honestidad; la ofrenda mide tu amor.

El dinero debe ser disfrutado

El siguiente pasaje bíblico establece este principio: "También es algo bueno recibir riquezas de parte de Dios y la buena salud para disfrutarlas. Disfrutar del trabajo y aceptar lo que depara la vida son verdaderos regalos de Dios" (Eclesiastés 5:19, NTV). Hay personas que llevan años sin tomar vacaciones, que trabajan *full time, part-time, over-time y all the time* [tiempo completo, tiempo parcial, sobretiempo y todo el tiempo]. Mi pregunta es, ¿para qué? Debemos evitar los extremos. No debemos ser gastadores empedernidos; más bien debemos gastar prudentemente y, de vez en cuando, gastar en actividades y artículos que podamos disfrutar, sobre todo si tenemos familia.

Cuando murió el famoso magnate John D. Rockefeller, le preguntaron a su contador:

—¿Cuánto dejo John?

El contador contestó:

—Lo dejó todo.

Te invito a visitar un basurero. Ahí verás aparatos eléctricos, ropa, madera proveniente de una casa, en fin, miles de cosas que en algún momento tuvieron valor. Por esas cosas que hoy yacen pudriéndose, hubo matrimonios que se separaron, amigos que se enemistaron, valores que fueron comprometidos, familias que se descuidaron.

Déjame preguntarte algo: ¿Para qué quieres ser prosperado? ¿Por qué necesitas dinero? ¿Cómo terminarías esta declaración? "Ustedes serán enriquecidos en todo sentido _____" (2 Corintios 9:11).

Algunos contestan así:

- Para vivir bien.
- Para pagar mis cuentas.
- Para proveer para mi familia.
- Para pagar la casa.
- Para tener seguridad económica.

Todos tenemos ~~problemas~~ soluciones

Si Dios, en su infinita misericordia, mañana te mandara un cheque de un millón de dólares, ¿qué harías con él? ¿De qué manera impactarías al mundo? ¿Cómo ayudarías a tu comunidad?

Dios tiene un plan maestro para tu vida, el que incluye usar tus recursos, tu sabiduría y tus habilidades para bendecir a otros. Uno de los textos que mejor reflejan esta realidad se encuentra en lo que Dios le dice a Moisés y al pueblo hebreo: "Te pondrá Jehová por cabeza, y no por cola; y estarás encima solamente, y no estarás debajo, si obedecieres los mandamientos de Jehová tu Dios, que yo te ordeno hoy, para que los guardes y cumplas" (Deuteronomio 28:13). Moisés, al igual que todos los hijos de Dios, fue bendecido para bendecir. Te animo a que a partir de hoy traces un plan para ayudar a tu comunidad. Piensa en grande, sueña más allá de lo que ves en este momento, y prepárate para poner en práctica lo que quieres cuando tu oportunidad llegue; pero comienza a hacer algo pequeño hoy mismo.

El texto que leímos arriba termina así: "Para que siempre puedan ser generosos; y cuando llevemos sus ofrendas a los que las necesitan, ellos darán gracias a Dios" (2 Corintios 9:11, NTV).

Promesa para atesorar: *"Traed todos los diezmos al alfolí y haya alimento en mi casa; y probadme ahora en esto, dice Jehová de los ejércitos, si no os abriré las ventanas de los cielos, y derramaré sobre vosotros bendición hasta que sobreabunde" (Malaquías 3:10).*

Capítulo 5

El dolor y el sufrimiento I

Entonces Moisés se volvió a Jehová, y dijo: Señor, ¿por qué afliges a este pueblo? ¿Para qué me enviaste? Porque desde que yo vine a Faraón para hablarle en tu nombre, ha afligido a este pueblo; y tú no has librado a tu pueblo.
Éxodo 5:22, 23

Moisés tenía un gran problema. Por mandato de Dios, Moisés había ido a Egipto con el propósito de liberar al pueblo, pero en vez de liberación ellos tenían más sufrimiento. La reacción de los israelitas es comprensible. Cuando sufrimos, queremos saber el porqué y culpamos a otros en vez de buscar soluciones.

Los israelitas seguían un patrón muy humano. Durante cuarenta años hicieron lo mismo. Mientras caminaban por el desierto hacia la tierra prometida tuvieron "problemas". A veces era la falta de agua. A veces era la comida. A veces era el ejercicio del liderazgo de Moisés. A veces era el peligro de perder la vida ante sus enemigos. Se quejaban, se enojaban y se preocupaban. Dios solucionaba sus problemas o los reprendía por su actitud. En poco tiempo les daba amnesia espiritual, y el proceso comenzaba de nuevo. Ese círculo vicioso se repitió durante cuarenta años.

Al examinar mi vida, yo veo los mismos patrones. Parece que sufro de la misma amnesia espiritual, porque con facilidad se me olvida lo que Dios ha realizado en mi vida, y me concentro en los problemas que tengo en este momento.

¿Qué me puede enseñar la Biblia acerca del problema del dolor y el sufrimiento? La respuesta es "mucho".

Hace tiempo, un condiscípulo de mi hija murió en un accidente de tránsito. Gustavo solo tenía 17 años, era un atleta sobresaliente, músico e hijo de una hermosa familia; amaba a Jesús y era un modelo de virtud en su comunidad. Tenía planes de ir a la universidad, casarse, y participar en una audición para *American Idol*. Ese era su plan, pero la tragedia lo golpeó antes que alcanzara sus sueños.

Una de las últimas veces que vi a Gustavo, fue en un estudio bíblico acerca de cómo saber cuál es la voluntad de Dios para nuestra vida. Él llegó a la reunión en su motocicleta. Se veía feliz. Su grata personalidad y sus comentarios hicieron memorable esa noche. Gustavo tenía una sonrisa que iluminaba cualquier sala y una perspectiva muy positiva de la vida.

Un miércoles, yo estaba cenando con mi hija cuando uno de los mejores amigos de Gustavo le mandó a ella un mensaje de texto con solo dos palabras: "Gus murió". Esas dos palabras trastornaron nuestro momento feliz. Así es la vida. De la noche a la mañana, o en un segundo, el mundo puede venirse abajo. El médico te dice que el tumor es maligno. Llegas a la casa y descubres que tu pareja te es infiel. La policía te avisa que tu hijo está en la cárcel. Cuando las cosas malas nos pasan, podemos deprimirnos, desanimarnos, o aun tratar de escapar de este mundo cruel. Moisés y los israelitas también expresaron su frustración. ¿Pero era esa la solución? De algo estoy seguro: Cuando tenemos problemas y sufrimos dolor, optamos por la salida que ya conocemos antes que por la sanidad que no conocemos.

Quizá tú te sientas así. Quizá estés pasando por momentos de dolor y sufrimiento que te han dejado vulnerable al desánimo. Por eso quiero compartir contigo tres principios que te pueden ayudar a salir fortalecido de esta experiencia.

Dios tiene un plan, aunque no lo entiendas

Cuando sufrimos, enseguida preguntamos por qué. Es una pregunta que nos desgarra. La repetimos una y otra vez, muchas veces, sin encontrar respuesta. Hace tiempo, mientras meditaba sobre el porqué de una situación, Dios me regaló esta frase, que ahora comparto contigo: "¿Quieres respuestas, o soluciones?"

Las respuestas a nuestras preguntas solo podrán entenderse desde la perspectiva de la eternidad. Tendremos respuesta a ciertos interrogantes solo cuando estemos en el cielo. Mientras llegamos allá, debemos aferrarnos a las promesas de Dios aquí. Dios no está obligado a darnos respuestas porque ya proveyó la solución. Ya venció a la muerte. Ya conquistó la tumba. Lo peor que nos pueda pasar en este mundo, ya fue resuelto por Dios. Es posible que en este momento no tengas esa convicción, pero si tienes paciencia y confianza, verás que así es.

El apóstol Pablo lo dice así: "He aquí, os digo un misterio: No todos dormiremos; pero todos seremos transformados, en un momento, en un abrir y cerrar de ojos, a la final trompeta; porque se tocará la trompeta, y los muertos serán resucitados incorruptibles, y nosotros seremos transformados" (1 Corintios 15:51, 52).

Aun en la muerte, hay esperanza. Quiero compartir contigo un concepto que, aunque es bíblico, no es muy conocido. La creencia popular es que una persona que muere, si fue buena va al cielo y si no al infierno. Este concepto popular no demuestra el amor de Dios. Piensa en mi caso. Si hoy muero y me voy al cielo, ¿cómo crees que estaría disfrutando del cielo mirando hacia abajo y viendo a mis hijos sufrir y llorar? ¿Qué felicidad sería para mi ver que Paco se case con mi bella esposa? (Aunque ella me dice que si yo muero no volverá a casarse).

¿Qué tipo de Dios es ese que quema a las personas por la eternidad? Ese Dios se parece mucho al diablo. Ese no es el Dios de la Biblia. Dios no quema a las personas por la eternidad por tres razones:

1. Dios solo promete vida eterna a los que creen en él (ver S. Juan 3:16). Si quema a las personas por la eternidad, ellos tendrían vida eterna (vivirían para siempre), solo que no en el cielo.
2. El castigo no es proporcional a la ofensa. Decir que Dios va a quemar a las personas por la eternidad por una vida alocada de 80 años es contrario al sentido común y va en contra del carácter de amor del Maestro.

3. Cuando la Biblia habla de fuego eterno, se refiere a las consecuencias del fuego, no a su duración.

Muchas personas, sobre todo jóvenes, han rechazado a Dios por esta falsa enseñanza. Ese Dios que quema a la gente por la eternidad se parece mucho a un diablo, no al Dios de amor que envió a Jesucristo.

A pesar de nuestro dolor, Dios tiene un plan

Dios no mató a Gustavo para convertir a otras personas. La muerte es producto del pecado y deberíamos asignarle la culpabilidad al que se lo merece: Satanás. Sin embargo, algo bueno puede salir de esta triste experiencia. Cuando José, el hijo de Jacob, ascendido a gobernador de Egipto, se encontró con sus hermanos que lo habían vendido a unos traficantes de esclavos, él les dijo: "Vosotros pensasteis mal contra mí, mas Dios lo encaminó a bien, para hacer lo que vemos hoy, para mantener en vida a mucho pueblo" (Génesis 50:20).

Ya he visto varios ejemplos de esta realidad. El impacto de la vida bien vivida de Gustavo se ha sentido cerca y lejos. Varios jóvenes han cambiado. Yo creo que cuando lleguen al cielo, Gustavo va a tener algunas conversaciones con personas que él no conoció. Alguno le dirá: "Gus, después de tu muerte, Dios cambió mi vida. Gracias por tu testimonio, por la manera que viviste".

Lo peor que Satanás te pueda causar, Dios puede encaminar en tu favor. Es probable que más de un lector de este libro haya permitido que la falta de prosperidad lo desanime. Pero he aquí un buen consejo: Levanta la cabeza. Aparta tu atención de lo que está ocurriendo aquí y ahora, y concéntrate en esperar los beneficios que Dios va a traer a tu vida y a la de muchos otros.

Yo le doy gracias a Dios por todo lo que él me ha dado. También le doy gracias por todo lo que no me dio cuando se lo pedí. A veces las oraciones más importantes son las que Dios contesta de una manera diferente a la que pensamos que debería respon-

El dolor y el sufrimiento I

der. Cuando Dios permite que te suceda algo doloroso, recuerda que él tiene un plan para ti, aun en medio del sufrimiento.

Dios tiene un plan, aunque yo no esté de acuerdo con él

Como padre y ser humano, yo rechazo la muerte. Ojalá pudiera volver atrás y cambiar todos los acontecimientos que llevaron a Gustavo adonde está hoy. Yo entiendo en el nivel intelectual que Dios no produjo su muerte, pero en el nivel afectivo y humano, es imposible no afligirme junto con sus padres. Lo que le ocurrió a Gustavo pudo ocurrirle a uno de mis hijos, o a un hijo tuyo. Quizá ya perdiste un hijo en un accidente. Yo no siempre estoy de acuerdo con lo que me ocurre, pero cifro mi esperanza en Aquel que está en mí.

La clave está en tener confianza, aunque _____ suceda. La muerte sucede. También la separación de los seres queridos. El divorcio. El cáncer. La pérdida del trabajo. Muy pocas veces puedo controlar lo que me sucede a mí, pero sí puedo decidir cómo reaccionar ante lo sucedido. En vez de correr lejos de Dios cuando sufro, corro hacia él. Él es suficientemente grande para soportar mis lágrimas, mi dolor, aun mi enojo. No tengo que sufrir solo. Nada me puede separar de su amor. Este pasaje bíblico te puede infundir esperanza: "¿Quién nos separará del amor de Cristo? ¿Tribulación, o angustia, o persecución, o hambre, o desnudez, o peligro, o espada? Como está escrito: Por causa de ti somos muertos todo el tiempo; somos contados como ovejas de matadero. Antes, en todas estas cosas somos más que vencedores por medio de aquel que nos amó" (Romanos 8:35-37).

Yo sé que mi hija y yo volveremos a ver a Gustavo. Mientras tanto, confiaré en el plan de Dios para mi vida y para mis seres queridos, aunque no lo entienda ni lo apruebe, aunque me duela. ¡Adiós, desánimo! ¡Bienvenido, Jesús!

Promesa para atesorar: *"Mas a mí, afligido y miserable, tu salvación, oh Dios, me ponga en alto" (Salmo 69:29).*

Capítulo 6

El dolor y el sufrimiento II

Entonces Moisés se volvió a Jehová, y dijo: Señor,
¿por qué afliges a este pueblo? ¿Para qué me enviaste?
Porque desde que yo vine a Faraón para hablarle
en tu nombre, ha afligido a este pueblo;
y tú no has librado a tu pueblo. Éxodo 5:22, 23.

Sufro con el dolor de mi pueblo, lloro y estoy abrumado
de profunda pena. ¿No hay medicina en Galaad? ¿No hay un
médico allí? ¿Por qué no hay sanidad para las heridas de mi
pueblo? Jeremías 8:21, 22 (NTV).

Todos hemos sido heridos alguna vez. Para algunos, las heridas emocionales y físicas son un constante recordatorio de que las palabras y los actos importan. Este es un tema que la Escritura aborda a profundidad. Una de las maneras en que los seres humanos manejan sus emociones cuando sufren se parece mucho a la expresión de Moisés cuando tuvo una conversación honesta con Dios. Las quejas de Moisés pueden ser resumidos en dos:

- *Señor, ¿por qué a mí?*
- *Señor, no has hecho nada.*

El dolor tiene muchas causas. Cada vez que nos golpea decimos: *"¿Por qué a mí?"; "¿Dios, por qué no has hecho nada?"* Este capítulo es práctico. Quiero darte algunos consejos acerca de cómo afrontar el dolor y el sufrimiento, consejos que le ayudaron a Moisés en el desierto hace miles de años, y que nos pueden ayudar ahora. Para obtener el mayor provecho de este capítulo, necesitas algo con qué escribir. Te invito a hacer los ejercicios que están dispersos dentro del capítulo. Te ayudarán.

Causas del dolor

Existen por lo menos cuatro razones para el dolor y el sufrimiento. Hagamos un ejercicio. Asigna un porcentaje en términos de la cantidad de dolor que has experimentado a causa de cada una:

Dolor intencional causado por otras personas _____

Dolor sin intención causado por otras personas _____

Dolor intencional que tú mismo te has causado _____

Dolor sin intención causado por ti mismo _____

El dolor puede causar heridas profundas, sobre todo cuando no has hablado de ellas y no has perdonado. El dolor y el sufrimiento prosperan en secreto.

Tenemos dos acciones importantes que realizar.

Maneja el dolor correctamente. De acuerdo a investigaciones recientes, más de la mitad de las mujeres y un cuarenta por ciento de los hombres han sufrido abuso en algún momento de su vida. ¿Qué podemos hacer? Algunos ocultan el dolor, otros lo ignoran o lo mitigan mediante las adicciones. En vez de solo hablar del abuso, busca remedio en Dios. Él puede sanarte. Muchos hemos sufrido abuso o abandono en una de estas cuatro áreas: física, sexual, espiritual o emocional. El efecto negativo de cualquiera de estas formas de abuso puede estar destruyendo tu relación con Dios y con otros. Es importante hacer dos cosas: *identificar y perdonar* a las personas que te han dañado. Quizá te sientes como Job, el personaje bíblico que dijo: "Y ahora yo soy objeto de su burla, y les sirvo de refrán. Me abominan, se alejan de mí, y aun de mi rostro no detuvieron su saliva. Porque Dios desató su cuerda, y me afligió, por eso se desenfrenaron delante de mi rostro" (Job 30:9-11).

La curación no es inmediata, pero es posible.

Perdona. Hay que dejar el resentimiento. El rencor es como tomar uno el veneno y esperar que la rata sea la que muera. De cualquier manera, hay que perdonar. Esto no significa que la relación sea restaurada o que otra vez recibas en tu hogar al abusador. Significa que puedes tratar con respeto y con amor a las personas que te hirieron. Si has sido víctima, el primer paso es perdonar.

¿A quién necesitas perdonar hoy? Hoy mismo ora para que Dios te ayude a manejar el dolor, a perdonar y a crecer después de haber perdonado. Si nunca has sufrido el dolor del abuso, agradece a Dios por ello, y ayuda a otros a crecer al salir del dolor.

La cruz de Cristo nos enseñó que el Dios de la Biblia comprende nuestro dolor y que está a nuestro lado para restaurar todas las cosas. Mientras otras filosofías religiosas enseñan que el hombre ha de trabajar y esforzarse para llegar a Dios, el cristianismo enseña que un Dios todopoderoso descendió a la tierra, sufrió nuestros dolores, y provee la solución al problema del dolor. Confía en él. Él te entiende. Él te sana.

Alguien dijo que "la paz no es la ausencia de problemas, sino la presencia de Dios en medio de ellos". Ahora analizaremos cómo reaccionar y actuar cuando los problemas afectan nuestra vida y a nuestra familia, porque los problemas y las bendiciones vienen sin anunciarse. Busquemos juntos las soluciones.

Qué hacer con el dolor

Si estás experimentado problemas familiares o personales, pon atención a estos consejos:

1. *Habla con Dios sobre el problema.* El salmista dice: "Delante de él expondré mi queja; delante de él manifestaré mi angustia" (Salmo 142:2). No tienes que llevar tus cargas solo. No necesitas sentir que estás peleando solo. ¿Qué problema está afectando tu vida en este momento? Busca a alguien de confianza, compártelo, y pídele que ore por ti.

2. *Deja de preocuparte por el problema.* El Salvador nos alienta con estas palabras: "No os afanéis por el día de mañana, porque el día de mañana traerá su afán. Basta a cada día su propio mal" (S. Mateo 6:34).

Mencionaré tres razones para no preocuparnos. Por supuesto, pueden haber más:

- *Preocuparse no tiene sentido.* Si lo puedes arreglar, hazlo; si no puedes, el hecho de preocuparte no hará la diferencia.
- *Preocuparse no hace que las cosas mejoren.* La preocupación aumenta el problema.
- *Preocuparse no aumenta tu fe.* Cuando te preocupas, minimizas el poder de Dios e incrementas tu nivel de ansiedad.

3. *Cree en la ayuda de Dios para superar el problema.* Dios dice cómo te ayuda ante los problemas:

- *Te libera del problema.* "Clamaron a Jehová en su angustia, y los libró de sus aflicciones" (Salmo 107:6).
- *Te consuela ante el problema.* "Él nos consuela en todas nuestras dificultades para que nosotros podamos consolar a otros. Cuando otros pasen por dificultades, podremos ofrecerles el mismo consuelo que Dios nos ha dado a nosotros" (2 Corintios 1:4, NTV).
- *Pronto eliminará todos los problemas.* "Y a ustedes que sufren, les dará descanso, lo mismo que a nosotros. Esto sucederá cuando el Señor Jesús se manifieste desde el cielo entre llamas de fuego, con sus poderosos ángeles" (2 Tesalonicenses 1:7, NVI).

La buena noticia es que Dios es más grande que cualquier problema, siempre se preocupa por ti, y está de tu parte. Este mensaje te da esperanza. Lee Isaías 49:14, 15: "Pero Sion dijo:

Me dejó Jehová, y el Señor se olvidó de mí. ¿Se olvidará la mujer de lo que dio a luz, para dejar de compadecerse del hijo de su vientre? Aunque olvide ella, yo nunca me olvidaré de ti".

Esta declaración te habla de la ayuda divina: "Nunca abandonará Cristo a aquellos por quienes murió... Nunca puede Cristo desviarse de un alma por la cual dio su propia vida en rescate. Si nuestra visión espiritual pudiese despertarse... veríamos ángeles volar prestamente en ayuda de esos seres tentados, para rechazar las huestes del mal que los rodean y colocar sus pies sobre fundamento seguro".[1]

¿Cómo te sientes al saber que tu Dios nunca va a abandonarte? Cierra tus ojos en este momento y agradece a Dios porque nunca te dejará ni hará nada para perjudicarte. Deja que su amor inunde tu ser. Eres valioso para Dios.

Te animo a hacer un ejercicio. Con una pluma de tinta roja u otro marcador, escribe la palabra "perdonado" encima de los nombres de las personas que te han herido o abandonado. Antes de leer cada nombre, ora de esta manera: *"Mi Padre Dios, por tu gracia y con tu poder yo perdono a _____, por Jesús, Amén"*.

En el momento en que perdonamos, les quitamos el poder de seguir hiriéndonos a las personas que nos hicieron mal. La decisión de no perdonar aumenta el dolor, no lo disminuye. Si quieres sanar, debes perdonar. Eso es imposible para nosotros, solo Dios lo puede hacer. Así que habla con Dios y dile lo imposible que es para ti perdonar, y que necesitas su ayuda. Él te ayudará.

Promesa para atesorar: *"Les digo la verdad, el grano de trigo, a menos que sea sembrado en la tierra y muera, queda solo. Sin embargo, su muerte producirá muchos granos nuevos, una abundante cosecha de nuevas vidas" (S. Juan 12:24; NTV).*

---

1. Elena G. de White, *Patriarcas y profetas* (Pacific Press® Publishing Association, 1957), p. 128.

Capítulo 7

La familia

> María y Aarón hablaron contra Moisés a causa de la
> mujer cusita que había tomado; porque él había tomado
> mujer cusita. Y dijeron: ¿Solamente por Moisés ha hablado
> Jehová? ¿No ha hablado también por nosotros? Y lo oyó
> Jehová. Y aquel varón Moisés era muy manso, más que
> todos los hombres que había sobre la tierra.
> Números 12:1-3.

Por más amable que sea tu familia, alguna vez tendrás problemas con algún pariente. María y Aarón, los hermanos de
Moisés, no aceptaban por completo a su cuñada Séfora. Ella era
morena y ese no era el ideal de ellos. No la querían. Así que criti-
caron a Moisés por haberse casado con ella. Como si Moisés no
tuviera suficientes problemas, ¡ahora también tenía que cuidarse
de sus propios hermanos!

La palabra "manso" que usa la Biblia en ese pasaje también
puede ser entendida como deprimido. Por supuesto que Moisés
debe haberse deprimido. Pocas experiencias son más dolorosas
que los ataques de nuestros amados. Este capítulo explora varios
pasajes bíblicos acerca de la familia. Ya seas casado o soltero, esto
puede serte útil.

Los casados

"Vivan en armonía unos con otros. No sean tan orgullosos
como para no disfrutar de la compañía de la gente común. ¡Y no
piensen que lo saben todo!" (Romanos 12:16, NTV).

San Pablo, quien escribió por lo menos trece libros de la Biblia, incluyendo el pasaje que acabamos de leer, nos da la clave

para una familia feliz. Reconocer que no lo sabemos todo implica respetar los derechos y la individualidad de los demás. Los seres humanos somos diferentes en tres áreas:

- *Cómo vemos la vida.* Estamos divididos entre sistemáticos y espontáneos. A los sistemáticos les encantan los sistemas, los planes y los calendarios. Su pregunta más común es: ¿Cuál es el plan? Los espontáneos viven cantando "Un día a la vez". Miran más el presente que el futuro.
- *Cómo nos relacionamos con otros.* En esto hay también dos categorías, los introvertidos y los extrovertidos. Si comparamos las emociones con un tanque de gasolina, diríamos que los introvertidos gastan gasolina estando con otras personas, mientras que los extrovertidos llenan el tanque. Para los extrovertidos, mientras más personas haya a su lado, mejor; son los primeros que llegan a la fiesta y los últimos que se van. El introvertido prefiere estar en familia; mientras menos personas estén con él, mejor.
- *Cómo tomamos decisiones.* Unos toman decisiones basados en hechos. ¿Cuánto vale?, es la primera pregunta; no, ¿cómo se siente? Otros deciden basados en sentimientos. Esto afecta especialmente a las parejas en la manera que disciplinan a sus hijos. Si quieres ver un video sobre este tema, puedes ir aquí: https://www.youtube.com/watch?v=KM9y_FlVmfU&feature=youtu.be.

Si yo pudiera elegir las tres mejores enseñanzas para un matrimonio feliz escogería estas:

- *Tu pareja es tu complemento, no tu reflejo.* Tu cónyuge es diferente. Eso no lo hace mejor o peor, solo ¡diferente!
- *Las mujeres no son propiedades. Los hombres no son proyectos.* Me tomó quince años entender esta lección, pero cuando la entendí revolucionó mi perspectiva.

- *Con Dios es difícil. Sin Dios es imposible.* El matrimonio requiere trabajo. Tiene muchos momentos de placer y conexión, pero esto no sucede por casualidad. Por eso necesitas al que lo instituyó: a Dios.

Novios

Si eres soltero o soltera, hacer una buena elección es una de las decisiones determinantes de tu vida. Estos son diez consejos que te pueden servir al elegir tu pareja:

1. *Que no se deje dominar por la ira.* El sabio dice: "No te hagas amigo de gente violenta, ni te juntes con los iracundos" (Proverbios 22:24, NVI). La ira incontrolada revela una gran inseguridad y una estima propia muy baja. Puede fácilmente convertirse en violencia y abuso.
2. *Que no tenga adicciones.* "No te juntes con los que beben mucho vino" (Proverbios 23:20, NVI). La razón por la que debes evitar a una persona que tiene adicciones es porque tú nunca serás primero en su vida. La adicción lo será.
3. *Que no guarde resentimiento.* Lo que resientes, lo reflejas. La Biblia llama al resentimiento "raíz de amargura" (Hebreos 12:15). Guardar resentimiento es tomarse el veneno y esperar que la rata se muera. Es eligir no ser feliz nunca; esto afectará tu felicidad también, irremediablemente.
4. *Que no sea contencioso.* "Es mejor vivir solo en el desierto que con una esposa que se queja y busca pleitos" (Proverbios 21:19, NTV). Las quejas o los pleitos constantes acabarán con la felicidad y la armonía del hogar, no importa cuánto prosperen en otros aspectos.
5. *Que no sea egoísta.* "La avaricia provoca pleitos" (Proverbios 28:25, NTV). Si te casas con una persona egoísta o avara, nunca estará satisfecha con lo que llegue a tener.
6. *Que no sea codicioso.* "El ambicioso acarrea mal sobre su fa-

milia" (Proverbios 15:27, NVI). Si te casas con un codicioso, tendrás deudas toda la vida.

7. *Que diga la verdad.* "Las palabras veraces soportan la prue-
ba del tiempo, pero las mentiras pronto se descubren"
(Proverbios 12:19, NTV). El amor se basa en la confianza,
y la confianza se basa en la verdad. Dile: "Si no me dices la
verdad, no puedo confiar en ti. Y si no puedo confiar en ti,
¿cómo puedo amarte?"

8. *Que le dé a Jesús el primer lugar en su vida.* "Jesús le dijo:
Amarás al Señor tu Dios con todo tu corazón, con toda tu
alma y con toda tu mente" (S. Mateo 22:37).

9. *Que sea diligente y trabajador.* "La mano negligente empobrece; mas la mano de los diligentes enriquece" (Proverbios 10:4). El éxito y el bienestar del hogar depende, en una
medida, de que ambos estén dispuestos a trabajar, y a trabajar con ahínco.

10. *Que sepa amarte, y que tú puedas amarlo.* "Ante todo, tened
entre vosotros ferviente amor; porque el amor cubrirá
multitud de pecados" (1 Pedro 4:8). Ni tú ni tu pareja son
perfectos, pero con un amor comprometido, consciente y
voluntario, podrán superar sus diferencias y malos entendidos.

Me fascina esta declaración de Leonard Ravenhill: "Dios
siempre da lo mejor a aquellos que lo dejan escoger".

Turbulencias

A veces, el matrimonio es difícil de sobrellevar, y hay momentos en los que quieres "tirar la toalla" y salir corriendo. Esta
historia te puede ser útil para aprender a confiar en Dios.

Mi esposa y yo teníamos que viajar de Michigan a Maryland,
con escala en Ohio, donde hay un gran lago sobre el que se levan-
tan vientos feroces en otoño. Era noviembre, y nuestro primer
vuelo despegó y aterrizó sin contratiempos. Pero cuando aborda-

mos el segundo avión, advertimos que ese "avioncito" era diferente. Tenía solo 16 asientos, organizados en dos hileras. Me ubicaron adelante de mi esposa. Desde mi asiento podía ver claramente los controles de la pequeña nave e incluso al piloto.

Después de las instrucciones de rutina despegamos, pero el avioncito comenzó a moverse, a sacudirse y tambalearse como papel que se lleva el viento. Mi corazón palpitaba a mil latidos por minuto. Confesé mis pecados conocidos y los desconocidos. Mi esposa me apretaba la mano con tanta fuerza que me detuvo la circulación de la sangre. Pudo haber sido mi imaginación, pero hasta el día de hoy, estoy casi seguro que el piloto sacó un papel que decía: "Solo para emergencias".

Eché una mirada a los pasajeros. Nadie leía nada, nadie hablaba, casi ni respirábamos. Aquello parecía una pesadilla eterna, hasta que por fin volamos sobre las nubes y la turbulencia disminuyó. Estuvimos así durante mucho tiempo, pero cuando comenzó el descenso la aparente calma desapareció. Otra vez el silencio, otra vez la incomodidad, mi esposa casi me quiebra tres dedos con su apretón. Solo por la gracia de Dios pudimos aterrizar. Le agradecimos a Dios por sus cuidados, pero yo solo pensaba en estrangular a mi agente de viajes.

¿Qué tiene que ver con el matrimonio esta historia de aviones y manos exprimidas como naranjas? Mucho. Ese día aprendí tres lecciones que hoy quisiera compartir contigo:

1. *Cada matrimonio tendrá turbulencias.* La felicidad no está garantizada. Cuando nos casamos, emprendemos un largo viaje en el que vamos a pasar por lugares nada confortables. A veces hay silencio, y en otro momento te exprimen la mano. La vida de casados es similar a un viaje en avión. Podemos esperar subidas y bajadas en cualquier momento.

2. *Por más difícil que sea la situación, afuera está peor.* Mientras Kathy y yo estábamos en medio de la turbulencia, las cosas se pusieron color de hormiga brava. Sin embargo, ningún pasajero se levantó de su asiento, nadie dijo: "Esto está muy mal, me voy

de aquí". ¿Por qué nadie hizo eso? Porque aunque adentro no estábamos cómodos, afuera estaba peor.

En la familia ocurre lo mismo. Muchas personas abandonan su hogar cuando surgen conflictos, creyendo que la solución a sus problemas es un cambio de pareja, pero pronto reconocen que no resolvieron nada. Los viajes sin turbulencias y los matrimonios sin diferencias ni peleas solo existen en las historias de ficción de Hollywood.

3. *El piloto sabe lo que está haciendo.* Él ha recorrido antes esa ruta. No soy piloto ni conozco el Estado de Ohio, y nunca antes había tomado esa ruta. Mi piloto sí. Cuando subimos al avión, le confiamos nuestra vida. Conviene hacer lo mismo en el matrimonio. Jesús sabe lo que está haciendo, pues él es el Piloto del hogar. Recuerda: ¡Él no nos unió en matrimonio para hacernos fracasar!

Quisiera hacerte una invitación decisiva. ¿Junto con tu familia, te gustaría entregarte al Señor Jesucristo? ¿Quieres decírselo?

Promesa para atesorar: *"[El carcelero] entonces, pidiendo luz, se precipitó adentro, y temblando, se postró a los pies de Pablo y de Silas; y sacándolos, les dijo: Señores, ¿qué debo hacer para ser salvo? Ellos dijeron: Cree en el Señor Jesucristo, y serás salvo, tú y tu casa. Y le hablaron la palabra del Señor a él y a todos los que estaban en su casa"* (Hechos 16:29-32).

Capítulo 8

La desconexión

Y harán un santuario para mí, y habitaré en medio de
ellos. Conforme a todo lo que yo te muestre, el diseño del
tabernáculo, y el diseño de todos sus utensilios, así lo haréis.
Éxodo 25:8, 9.

Cuando era niño iba a la iglesia con mucha frecuencia. Todos
los sábados. El domingo por la noche. También los lunes y los
miércoles, y los viernes al programa de jóvenes. No nací en la iglesia, (eso hubiera sido raro) pero sí me llevaron casi al día siguiente.

En los últimos años se ha hecho popular el refrán: "Creo en
Dios, pero no quiero saber nada de la iglesia". Hay un movimiento, especialmente entre los jóvenes, que ve a la iglesia como algo
anticuado, desconectado de la realidad, obsoleto. La alergia ecle-
siástica de algunos se debe a ciertos cristianos bien intencionados
que por su pasión o disfunción han pintado una imagen de Dios
que no es real ni bíblica.

En el pasaje del comienzo de este capítulo vemos la instruc-
ción divina a Moisés para que construyera un Santuario. Hay dos
principios presentes en ese texto que son importantes para nosos-
tros, pues aunque las instrucciones fueron para un tiempo y lugar específico, los principios que encierra son eternos.

El Señor le dijo a Moisés: "Y harán un santuario para mí, y
habitaré en medio de ellos. Conforme a todo lo que yo te muestre, el diseño del tabernáculo, y el diseño de todos sus utensilios,
así lo haréis" (Éxodo 25:8, 9). Así, vemos que el propósito principal del Santuario era el encuentro con Dios. Además, las instrucciones exactas para el Santuario y sus servicios dependían de
lo que Dios decía, no de las ideas humanas.

Todos tenemos ~~problemas~~ soluciones

Cuando la iglesia funciona bien, tiene esas mismas características. Es más que mero formalismo religioso basado en ritos y tradiciones; es un encuentro con el Dios Todopoderoso. Está basada en preceptos y liderazgo divino, no en opiniones y preferencias humanas. Si pudiéramos entender la bendición de ir a la iglesia, muchos más tomaríamos en serio este privilegio.

¿Por qué asistir a la iglesia?

Déjame compartir contigo algunas razones por las que yo le di otra oportunidad a la iglesia, y porque tú deberías considerar hacer lo mismo.

1. *Amigos para toda la vida.* Fue en la iglesia donde fui herido. Eso es cierto. Pero también es cierto que en la iglesia encontré amigos que permanecen conmigo hasta hoy. Amigos que me darían uno de sus riñones si lo necesitara. Amigos que arriesgaron su trabajo para que yo pudiera conservar el mío. Amigos que me escuchan. Amigos que me aman. Amigos que me apoyan. Alguien dijo que no se puede aprender a nadar sin correr el riesgo de ahogarse. Las relaciones humanas son difíciles, pero cuando encuentras un buen amigo, vale la pena haber corrido el riesgo de amar y no ser amado.

2. *Salud.* En un estudio publicado en *The New York Times*[1] se encontró que ir a la iglesia "fortalece el sistema inmunitario y baja la presión arterial. Asistir a la iglesia puede añadir de dos a tres años a tu vida". Las personas que van a la iglesia dicen tener una mejor vida sexual en su matrimonio. Las personas que toman en serio su espiritualidad son aquellas que oran, y la oración tiene la capacidad de ayudarte a bajar el estrés al apartarte de los trajines del mundo para concentrarte en Dios y no en los miles de cosas que tienes que hacer ese día. En la iglesia donde tengo el honor de ser un feligrés, la Iglesia Adventista del Séptimo Día, sus miembros viven hasta siete años más que la población en general.[2]

3. *Valores.* La iglesia enseña valores bíblicos, principios como el amor, la aceptación, el perdón, el arrepentimiento y la cone-

xión con otras personas que no son como tú. Se trata de valores personales positivos, los que yo deseo que mis hijos tengan. Una de mis mayores satisfacciones es ver a mis hijos tomar decisiones positivas basados en los principios que aprendieron en esta iglesia. El mundo es mejor cuando seguimos los principios del Maestro y no pagamos ojo por ojo. Ojo por ojo, al final, deja a todo el mundo ciego. En un mundo donde cada vez más prevalecen la violencia y el odio, la iglesia me ayudó a experimentar la paz y a trabajar por ella.

4. *Esperanza.* Hay dos maneras de ver la vida. Una es sin Dios en el centro y la otra es con él como el Arquitecto divino. En las dos opciones hay sufrimiento. En las dos las personas mueren de cáncer, pierden el trabajo y a su familia. Pero solo una provee esperanza. No puedo concebir una vida en la que uno nace, sufre, muere y ahí se acabó todo. Aunque no entiendo todo lo que pasa, la iglesia me ayuda a ver las cosas desde la perspectiva de la esperanza, me enseña a no enarbolar la bandera blanca ni quitarme la vida cuando me golpee el sufrimiento. Vivir con esperanza hace la diferencia.

5. *Conversión.* La iglesia nos señala a Cristo, y Cristo nos convierte. ¿Qué es la conversión? Es la experiencia en la que Dios toma a una persona que vive una vida de autodestrucción y le da el poder y la gracia para experimentar el cambio que solo él puede proveer. La mayoría de las personas que asisten a la iglesia tienen un estilo de vida más saludable que el resto. Comen mejor. No abusan de drogas ni alcohol, y si caen en esta tentación, saben que ese no es el plan de Dios. Una persona convertida es una persona que perdona, que no guarda rencor, y por ello vive más feliz. Guardar rencor es como tomarse el veneno y esperar que la rata se muera. La iglesia nos enseña a vivir en plenitud.

Para ir a la iglesia

Toma un momento para analizar la dirección de tu vida y de tu familia. No juzgues a Dios por causa de algunas personas de la iglesia que no se portan bien. Ellas, como tú, son personas quebrantadas y pecadoras que también necesitan de Dios. Te recomiendo que consideres lo siguiente:

1. *Cuerpo y cabeza, no uno u otro.* Decir que estás bien con Dios, pero no quieres saber de la iglesia es una imposibilidad. La misma Biblia, inspirada por ese Dios que le dio las instrucciones a Moisés hace miles de años, dice que Jesús es la cabeza de la iglesia. No se puede separar la cabeza del cuerpo, que es la iglesia. Yo no iría a la casa de mis futuros suegros a decirle que quiero casarme con su hija, pero solo me voy a llevar su cabeza y que ellos se queden con el cuerpo. Así la iglesia es indivisible.

2. *Busca una iglesia saludable.* No todos los restaurantes son limpios. Si comes en uno y sufres problemas digestivos, no dices: "¡Los restaurantes son malos, nunca voy a salir a comer otra vez!" No, buscas otro restaurante, porque salir a comer es placentero. Busca una iglesia saludable. Si necesitas información, acude en Internet a www.adventistdirectory.org para encontrar una buena iglesia ahí donde vives. Hemos creado una página, www.todostenemosvida.com, para que encuentres las creencias de la iglesia que acepta lo que la Biblia enseña.

3. *Dios no es la gente y la gente no es Dios.* Los cristianos quieren ser como Cristo, pero Cristo no es como los cristianos. Cristo es perfecto. Los cristianos no. Cristo nunca te va a fallar. Los cristianos puede que sí. No juzgues a Cristo por sus seguidores. Conócelo a él. Él quiere tener una relación contigo y ayudarte a vivir la vida que ha soñado para ti.

Así como Moisés y los israelitas encontraron una comunión más intensa y real con Dios en el Santuario del desierto, tú también puedes encontrar en la iglesia agua fresca para la sed de tu alma. Te espero este sábado.

Promesa para atesorar: *"Y esta es la vida eterna: que te conozcan a ti, el único Dios verdadero, y a Jesucristo, a quien has enviado"* (S. Juan 17:3).

La desconexión

1. T. M. Luhrmann, *"The Benefits of Church"*, *The New York Times*, 20 abril, 2013, en http://www.nytimes.com/2013/04/21/opinion/sunday/luhr-mann-why-going-to-church-is-good-for-you.html.
2. Ryan Buxton, *"What Seventh-Day Adventists Get Right That Lengthens Their Life Expectancy"*, *Huffington Post*, 31 julio, 2014, en http://www.huffingtonpost.com/2014/07/31/seventh-day-adventists-life-expectancy_n_5638098.html.

Capítulo 9

La falta de equilibrio

Tienen que entender que el día de descanso es un
regalo del Señor para ustedes. Éxodo 16:29 (NTV).

Uno de los mayores enemigos de los seres humanos es el estrés. Las personas estresadas estresan a otros. La vida ata-
reada que llevamos nos está matando. Permíteme compartir contigo una parte de la historia de Moisés que revela un momento en
su vida cuando estaba demasiado involucrado en su trabajo. Por
medio de la experiencia de Moisés podemos ver claramente cómo
las decisiones correctas pueden producir paz y traer equilibrio a
nuestra vida.

Cuando Moisés estaba en medio del desierto, también experimentó estrés y desgaste. Su suegro fue a visitarlo y lo observó:
"Aconteció que al día siguiente se sentó Moisés a juzgar al pueblo; y el pueblo estuvo delante de Moisés desde la mañana hasta
la tarde. Viendo el suegro de Moisés todo lo que él hacía con el
pueblo, dijo: ¿Qué es esto que haces tú con el pueblo? ¿Por qué te
sientas tú solo, y todo el pueblo está delante de ti desde la mañana hasta la tarde?" (Éxodo 18:13, 14).

Moisés, por supuesto, se defendió como lo hacen la mayoría
de los *"workaholics"* [trabajadores compulsivos, adictos al traba-
jo]. "Y Moisés respondió a su suegro: Porque el pueblo viene a mí
para consultar a Dios. Cuando tienen asuntos, vienen a mí; y yo
juzgo entre el uno y el otro, y declaro las ordenanzas de Dios y sus
leyes" (vers. 15, 16).

Su suegro, amable pero firmemente lo regaña, y le hace ver su
problema y su desequilibrio. "Entonces el suegro de Moisés le
dijo: No está bien lo que haces. Desfallecerás del todo, tú, y tam-

bién este pueblo que está contigo; porque el trabajo es demasiado pesado para ti; no podrás hacerlo tú solo" (vers. 17, 18).

Dios sabía desde el principio que íbamos a tener la tentación de trabajar en exceso, por eso nos dio la solución antes de que existiera el problema, y nos proveyó el remedio para la vida fuera de balance. "Fueron, pues, acabados los cielos y la tierra, y todo el ejército de ellos. Y acabó Dios en el día séptimo la obra que hizo; y reposó el día séptimo de toda la obra que hizo. Y bendijo Dios al día séptimo, y lo santificó, porque en él reposó de toda la obra que había hecho en la creación" (Génesis 2:1-3). Por eso al sábado se le llama un "regalo". Dios dijo a Moisés acerca del sábado: "Mirad que Jehová os dio el día de reposo" (Éxodo 16:29).

Un regalo divino

El sábado es un regalo que nos brinda múltiples beneficios. Estos son dos muy importantes:

El sábado es gracia, no legalismo. Contrario a lo que puedes haber escuchado, esta es la verdadera razón por la que nosotros, tus amigos los adventistas, guardamos el sábado. Dios instruyó a su pueblo:

> Seis días trabajarás, y harás toda tu obra; mas el séptimo día es reposo a Jehová tu Dios; ninguna obra harás tú, ni tu hijo, ni tu hija, ni tu siervo, ni tu sierva, ni tu buey, ni tu asno, ni ningún animal tuyo, ni el extranjero que está dentro de tus puertas, para que descanse tu siervo y tu sierva como tú. Acuérdate que fuiste siervo en tierra de Egipto, y que Jehová tu Dios te sacó de allá con mano fuerte y brazo extendido; por lo cual Jehová tu Dios te ha mandado que guardes el día de reposo (Deuteronomio 5:13-15).

El sábado es un recordatorio semanal de la realidad de que no hay obediencia sin liberación. Que cuando tú y yo no podíamos cambiar, Dios nos cambió y nos liberó de la opresión del pecado, tal como liberó a los hebreos de la opresión de sus amos egipcios. El sábado no es la manera como nos congraciamos con Dios, sino como Dios nos da su gracia a nosotros.

El sábado nos pone a todos a la misma altura. Nota otra vez el pasaje que Moisés, inspirado por Dios, nos comparte: "Seis días trabajarás, y harás toda tu obra; mas el séptimo día es reposo a Jehová tu Dios; ninguna obra harás tú, ni tu hijo, ni tu hija, ni tu siervo, ni tu sierva, ni tu buey, ni tu asno, ni ningún animal tuyo, ni el extranjero que está dentro de tus puertas, para que descanse tu siervo y tu sierva como tú" (vers. 13, 14).

Durante la semana algunos producen más, otros menos. Unos tienen mejor estatus, otros menos. Empleados y jefes, extranjeros y nativos, padres e hijos. Pero el sábado todo el mundo adora igual. Somos iguales delante de Dios: No hay raza, color o estatus social que nos separe.

El sábado es, en verdad, un tesoro y un regalo.

Principios para disfrutar el regalo

A continuación, quiero compartir contigo tres decisiones que, si se convierten en hábitos, pueden enriquecer tu vida. No son decisiones fáciles, nada que vale la pena lo es, pero son necesarias:

1. *Escoge lo importante sobre lo urgente.* Moisés estaba abrumado cada día por todas las cosas urgentes que la gente le traía. ¡Tan abrumado que no podía hacer nada más!

Y así nos sucede a nosotros. Muchas veces, la tiranía de lo urgente nos impide dedicarle tiempo a lo importante. Siempre hay un correo electrónico que enviar, un césped que cortar, un presupuesto que entregar, un proyecto que terminar. Constantemente somos bombardeados por mensajes que exigen nuestra atención. Otras personas nos pueden contactar por medio de *Facebook*, correo electrónico, mensajes de texto o de voz, por medio del teléfono de la casa, del teléfono móvil o del de la oficina. Desde el momento que nos levantamos en la mañana, hasta el último suspiro antes de dormir, nuestros días están llenos de cosas que hacer, proyectos que terminar y metas que alcanzar. ¿Urgentes? Quizás. ¿Importantes? No siempre.

Un día te levantas y te preguntas a ti mismo: *¿Para qué?* En aquellos cortos momentos de reflexión, sientes que hay algo más en la vida que solo trabajar y correr de una cita a otra. Sientes que descuidas las cosas importantes de tu vida, como el tiempo que pasas con tus hijos, con tu familia, con tus buenos amigos. A causa del trajín incesante, no tienes tiempo para ti mismo. Y no eres la única persona que se siente así. En un sondeo de opinión nacional, se descubrió lo que ya imaginas. El 68 por ciento de las personas encuestadas dijeron que si pudieran, cambiarían lo que hacen cada día. El 44 por ciento dijo que si su vida continuaba al ritmo actual, tendrían problemas de salud. Este estilo de vida afecta a los matrimonios a tal punto que el 57 por ciento de los encuestados dijo que no tenía una cita con su pareja de manera regular.

La realidad es que lo urgente es un tirano, insaciable y déspota, que solo puede ser derrocado con un esfuerzo deliberado de tu parte. La pregunta clave es: ¿Estás eligiendo diariamente lo importante, o eres esclavo de lo urgente? Entre lo importante o lo urgente, Jesús es lo más importante.

Cuando mi hija Vanessa tenía cinco años, me vi en el dilema de decidir entre lo urgente y lo importante. Era un viernes, a eso de las diez de la noche. Mi esposa había salido a llevar a su casa a unos adolescentes que habían estado con nosotros, y ya venía de regreso. Yo estaba cuidando a mi hija, pero tenía que salir hacia un campamento de la iglesia. El hermano Edwin ya estaba en mi casa, y solo esperaba que yo saliera. ¡Era urgente que saliéramos, pues había personas que nos estaban esperando! Impulsivamente, decidí implementar un plan que me permitiría salir antes de que mi esposa llegara. Senté a mi hija enfrente del televisor y le puse un video cristiano de *Veggie-Tales*. Le dije "Tu mamá ya viene en camino. Papi tiene que salir, así que mira la película y espera a tu mami". Salí satisfecho con mi gran plan. El problema es que a veces cuando se escoge lo urgente, se puede sacrificar lo importante.

Todos tenemos ~~problemas~~ soluciones

Poco después de haber salido de mi casa, se desató una tormenta eléctrica. Esa tormenta tumbó un árbol que bloqueó la carretera por la que mi esposa debía regresar, y ocasionó una larga demora. Para complicar las cosas, la tormenta interrumpió el suministro eléctrico. Ahí estaba mi hija, sola en la casa, sin sus padres, soportando el estruendo de los truenos y el fulgor de los relámpagos, a las diez de la noche. Hasta el día de hoy, cuando mi hija oye truenos se asusta más de lo normal. ¿Qué hubiera pasado si el pastor hubiera llegado tarde al campamento? No me acuerdo de lo que prediqué ese fin de semana, ni de otras cosas que pasaron, pero sí me acuerdo (y mi hija me lo recuerda de vez en cuando, especialmente cuando quiere que le compre algo) de mi fallida decisión. Por experiencia propia te digo: ¡Escoge lo importante!

El sábado nos ayuda en esta decisión. Cuando descansamos el séptimo día, ese descanso nos ayuda a recordar que no fuimos creados para producir solamente, corriendo cada día detrás de una lista de cosas para hacer. Ese descanso sabático nos ayuda a recalibrar nuestra vida y nos recuerda lo que realmente es importante.

2. *Escoge lo mejor antes que lo bueno.* Atender a las personas y sus problemas no era algo malo. Moisés no estaba pecando cuando los ayudaba. Solo que había algo mejor que él podía hacer, y era formar líderes y delegarles responsabilidades, no hacer todo él. La decisión más difícil que una persona madura puede tomar no es entre lo bueno y lo malo, sino entre lo bueno y lo mejor. A la mayoría de las personas se les enseña a decidir entre lo bueno y lo malo, pero a pocos se nos enseña a escoger entre lo bueno y lo mejor.

A nuestra familia le gusta practicar deportes. El único problema es que casi nunca nuestros hijos forman parte de los equipos ganadores. Todo eso cambió durante un fin de semana hace poco tiempo. Nuestra hija Vanessa (la misma de la tormenta eléctrica) estaba jugando con su equipo de baloncesto en un torneo relámpago. Su equipo ganó sus partidos el domingo, y debía jugar el lunes a las diez de la mañana. Si ganaban, calificarían a la gran final, la que se jugaría a las cuatro de la tarde. Solo que había un problema: Yo tenía que estar en una importante reunión de trabajo, justo a las 6:45 de la tarde. Cuando mi hija me preguntó si iba a asistir a su juego, inmediatamente le contesté que sí, a pesar de que dentro de mí había una lucha de prioridades: mi trabajo o mi hija, mi familia o mi ocupación. ¿Qué hubieras hecho tú?

Escoger entre lo bueno y lo malo es fácil. ¿Robo el banco o deposito dinero en él? ¿Golpeo a mi amigo o lo invito a comer en mi casa? ¿Llevo de compras a mi esposa o me siento a ver televisión durante diez horas? Para muchas personas, la decisión es sencilla, ¿pero qué tal cuando el dilema se plantea así: ¿Deposito dinero para la educación de mis hijos o se lo doy a una persona necesitada? ¿Invito a mi amigo a mi casa o invito a un desconocido que necesita amistad? ¿Llevo de compras a mi esposa o voy a practicar deportes? Así ya no es tan fácil, ¿verdad?

La mayoría de las personas que no asisten a la iglesia, muchas veces no van porque tienen cosas buenas que hacer. Sin embargo, para que tu vida mejore, tienes que escoger no lo que es bueno, sino algo mejor. No te conformes con lo bueno. Busca lo mejor. Entre lo bueno y lo mejor, Jesús es lo mejor. Es bueno y apropiado adorar a Dios todos los días, pero es mejor adorarlo específicamente el sábado. Hay tres razones para adorar durante el sábado:

- Fue santificado.
- Fue bendecido.
- Fue elegido para el descanso.

¿Por qué conformarte con lo bueno cuando lo mejor está disponible?

3. *Escoge lo permanente sobre lo pasajero.* Al volver a nuestro personaje, Moisés, vemos cómo lo pasajero, las interminables disputas entre personas, se interponían sobre lo permanente: su capacidad de liderar al pueblo hacia la tierra prometida. Lo más

triste de esta historia es que él estaba haciendo todo esto por concentrarse en algo pasajero. Habría muchas oportunidades para aconsejar, pero, ¿cuántas veces se dirige a un pueblo hasta la tierra que fluye leche y miel?

Una razón por la que decidí quedarme a ver el juego de mi hija ese lunes, fue una pregunta que me hice a mí mismo. *De aquí a veinte años, ¿de qué se acordará mi hija? ¿Acaso será de la reunión que yo tenía o de que su padre estuvo allí para verla jugar?*

Tengo muchos gratos recuerdos de mis padres, a quienes amo con todo el corazón, pero un recuerdo que me provoca cierto dolor es el de no haber tenido presente a mi padre en ocasiones cuando yo jugaba. Él no estaba en la calle tomando alcohol; todo lo contrario, estaba ayudando a las personas. Pero es imposible que por mi mente no pase la interrogante de la diferencia que hubiera hecho en mi vida el tener a papá más presente. Un adagio dice que el que olvida el pasado, está condenado a repetirlo. En mis primeros años de trabajo, yo descuidé a mi familia. Agradezco a Dios porque los consejos de mi padre y un cambio en mis prioridades motivado por un encuentro real con Dios, me ayudan hoy a mirar hacia atrás con satisfacción y no con pesar. Escoge lo permanente sobre lo pasajero. Jesús es permanente. Su palabra nos dice: "El mundo pasa, y sus deseos; pero el que hace la voluntad de Dios permanece para siempre" (1 Juan 2:17).

Oye la voz de Dios que te dice este sábado: Detente. Descansa. Adora.

Promesa para atesorar: *"Si retraes del sábado tu pie, de hacer tu voluntad en mi día santo, y lo llamas 'delicia', 'santo', 'glorioso de Jehová', y lo veneras, no andando en tus propios caminos ni buscando tu voluntad ni hablando tus propias palabras, entonces te deleitarás en Jehová. Yo te haré subir sobre las alturas de la tierra y te daré a comer la heredad de tu padre Jacob. La boca de Jehová lo ha hablado"* (Isaías 58:13, 14; RV95).

Capítulo 10

La decadencia y la muerte

Jehová es mi fortaleza y mi cántico, y ha sido mi salvación. Este es mi Dios, y lo alabaré. Éxodo 15:2.

Hay dos misterios que no podemos comprender y ante los que nuestras fuerzas son inútiles: el mal y la muerte.

Cuando Moisés guiaba a Israel por el desierto, tuvo que lidiar con un serio problema: la falta de esperanza. Después de llevarlos por el Mar Rojo en seco, Dios los guió hacia el Sinaí, donde les dio sus leyes y los organizó como nación. Ahí estuvieron dos años. Luego Dios dio la orden, y se pusieron en marcha hacia la tierra prometida. Todos iban alegres, pues pronto estarían en la tierra que fluía leche y miel. En solo once días llegaron a la frontera de Canaán. Pero ahí se acobardaron. El miedo derrotó a la esperanza. Y en ese territorio que recorrieron en línea recta durante once días, tuvieron que vagar 38 años. Dios y Moisés tuvieron que esperar a que muriera la generación de cobardes.

Debido a que habían sido esclavos durante varios siglos, los israelitas se acostumbraron a vivir cobardes, sin esperanza.

Igual que Moisés y los hebreos, nosotros también vamos hacia la tierra prometida, el cielo, pero si nos acostumbramos a la esclavitud del pecado, este puede prevalecer sobre nuestra esperanza.

A nosotros también nos guían dos líderes que guiaron a Israel: Cristo y el Espíritu Santo. Debemos cooperar con ellos. Nuestra cooperación consiste en mantener viva la esperanza.

La conducción de Cristo

A Israel lo guiaba Cristo. Él les proveyó estos bienes:

Todos tenemos ~~problemas~~ soluciones

- Maná (pan del cielo) (Éxodo 16).
- Agua de la roca (Éxodo 17:1-6).
- El itinerario (Éxodo 40:36).

A nosotros Cristo nos provee:
- El maná de su Palabra escrita (Romanos 10:17).
- El agua del bautismo (Tito 3:5; Romanos 6:1-5).
- La Santa Cena (1 Corintios 11:23-26).

La conducción del Espíritu Santo
- Al pueblo de Israel el Espíritu Santo les escribió los Diez Mandamientos (Deuteronomio 4:13).
- A nosotros nos dio las Escrituras, mediante el Espíritu Santo y escritas por santos autores inspirados (2 Timoteo 3:16; Romanos 3:1, 2).

La esperanza
Israel en el desierto tenía esperanza, pero no mucha. Esa esperanza no fue suficiente ante los desafíos que enfrentaron:

- Las ciudades amuralladas (Deuteronomio 1:28.
- Los cananeos de elevada estatura (Números 13:33.

Se olvidaron de que con ellos iba su gran General.

- El que humilló a Egipto con diez plagas (Éxodo 9:14).
- El que abrió el mar Rojo para que pasaran cuando huían del ejército egipcio (Éxodo 14:21, 22).
- El que les daba pan del cielo (Éxodo 16).
- El que les daba agua de la roca (Éxodo 17:3-6).
- El que sanaba sus enfermedades (Números 21:4-9).
- El que mantenía su ropa sin desgastarse (Deuteronomio 29:5).
- El que les concedió la victoria sobre sus enemigos en el desierto (Salmo 135:10, 11).

La decadencia y la muerte

Y nosotros, ¿tenemos esperanza?

El Señor Jesucristo, quien quiere llevarnos a la tierra prometida, el cielo, nos dejó esta promesa, en la que se afirma nuestra esperanza.

> No dejen que el corazón se les llene de angustia; confíen en Dios y confíen también en mí. En el hogar de mi Padre, hay lugar más que suficiente. Si no fuera así, ¿acaso les habría dicho que voy a prepararles un lugar? Cuando todo esté listo, volveré para llevarlos, para que siempre estén conmigo donde yo estoy (San Juan 14:1-3, NTV).

En ocasión de la ascensión de Jesús, el libro de los Hechos de los apóstoles narra que estando los discípulos observando el acontecimiento "se pusieron junto a ellos dos varones con vestiduras blancas, los cuales también les dijeron: Varones galileos, ¿por qué estáis mirando al cielo? Este mismo Jesús, que ha sido tomado de vosotros al cielo, así vendrá como le habéis visto ir al cielo" (Hechos 1:10-11).

Esta promesa esclarece dos temas muy mal entendidos: la naturaleza del hombre y el estado de los muertos.

La naturaleza del hombre. Somos personas indivisibles. La Escritura dice: "Entonces Jehová Dios formó al hombre del polvo de la tierra, y sopló en su nariz aliento de vida, y fue el hombre un ser viviente" (Génesis 2:7). Esto quiere decir que el hombre está constituido por una mezcla de polvo y aliento de vida. El resultado es un ser o un alma viviente.

El estado de los muertos. La Biblia dice que cuando el hombre muere sucede lo contrario que cuando fue creado: "El polvo vuelva a la tierra, como era, y el espíritu vuelva a Dios que lo dio" (Eclesiastés 12:7). Es decir, el cuerpo vuelve a ser polvo, y el soplo de vida es recogido por Dios. ¡Exactamente lo contrario que en la creación! No hay un alma pensante dentro del cuerpo. Ninguna alma va al cielo ni al infierno cuando las personas mueren. David no fue llevado al cielo cuando murió. San Pedro dijo: "Porque David no subió a los cielos" (Hechos 2:34). Si el alma siguiera viva, entonces sería inmortal, y la Biblia declara que hay uno solo que es inmortal: "Él es el único que nunca muere y vive en medio de una luz tan brillante que ningún ser humano puede acercarse a él. Ningún ojo humano jamás lo ha visto y nunca lo hará. ¡Que a él sea todo el honor y el poder para siempre!" (1 Timoteo 6:16, NTV).

La resurrección

Entonces, ¿cuándo se consumará nuestra esperanza? ¿Cuándo recibiremos la recompensa, y el malvado su castigo? La respuesta es: en la resurrección.

Los paganos creen que la muerte se resuelve así:

- Con la reencarnación.
- Con la transmigración de las almas.
- Con la recompensa inmediata: el cielo o el infierno al morir.

Esas teorías son falsas. Solo el cristianismo tiene la solución: la resurrección.

San Pablo escribió: "El Señor mismo con voz de mando, con voz de arcángel, y con trompeta de Dios, descenderá del cielo; y los muertos en Cristo resucitarán primero. Luego nosotros los que vivimos, los que hayamos quedado, seremos arrebatados juntamente con ellos en las nubes para recibir al Señor en el aire, y así estaremos siempre con el Señor" (1 Tesalonicenses 4:16, 17).

¡Los santos muertos, y los vivos también, recibirán su recompensa en el segundo advenimiento de Cristo!

Si el alma fuera inmortal, si el hombre pasara al "más allá" sin experimentar la muerte, la venida de Cristo y la resurrección no tendrían sentido. Bastaría con el juicio de Dios una vez que el cuerpo de la persona muriera: al cielo o al infierno. Pero la esperanza en la segunda venida de Cristo viene a decirnos que el hombre es mortal, y por eso es necesario que el Hijo de Dios vuelva a la tierra para completar su obra redentora, para librarnos ya no del poder del pecado sino de la presencia del mal.

San Pablo, al referirse al fin de la muerte y del pecado exclama triunfante: "Sorbida es la muerte en victoria. ¿Dónde está, oh muerte, tu aguijón? ¿Dónde, oh sepulcro, tu victoria? ya que el aguijón de la muerte es el pecado, y el poder del pecado, la ley" (1 Corintios 15:54-56).

Y concluye con esta expresión de triunfo: "Mas gracias sean dadas a Dios, que nos da la victoria por medio de nuestro Señor Jesucristo" (1 Corintios 15:57).

Así, los dos misterios que no podemos entender ni pelear contra ellos serán vencidos.

¡Pero hay que tener esperanza!

Promesa para atesorar: *"Oí una gran voz del cielo que decía: He aquí el tabernáculo de Dios con los hombres, y él morará con ellos; y ellos serán su pueblo, y Dios mismo estará con ellos como su Dios. Enjugará Dios toda lágrima de los ojos de ellos; y ya no habrá muerte, ni habrá más llanto, ni clamor, ni dolor; porque las primeras cosas pasaron. Y el que estaba sentado en el trono dijo: He aquí, yo hago nuevas todas las cosas. Y me dijo: Escribe; porque estas palabras son fieles y verdaderas" (Apocalipsis 21:3-5).*

Capítulo 11

El legado

> Era Moisés de edad de ciento veinte años cuando murió;
> sus ojos nunca se oscurecieron, ni perdió su vigor... Y Josué
> hijo de Nun fue lleno del espíritu de sabiduría, porque
> Moisés había puesto sus manos sobre él; y los hijos de Israel
> le obedecieron, e hicieron como Jehová mandó a Moisés.
> Deuteronomio 34:7-9.

A nadie le gusta hablar de la muerte. Todos sabemos que viene, pero vivimos como si fuera a pasar de largo. Hacemos todo lo posible para retrasarla, y gastamos nuestro dinero y nos esforzamos por detener su marcha.

Dos palabras describen lo que al fin sucederá contigo y conmigo: Moisés murió. Cuando llegue ese día, ¿cómo quieres que hablen de ti? A mí me gusta lo que se dijo de Moisés: "Nunca más se levantó profeta en Israel como Moisés, a quien haya conocido Jehová cara a cara" (Deuteronomio 34:10).

El propósito de esta vida no es solamente existir sino tener vida y tenerla en abundancia. Si quieres dejar un legado como el de Moisés, debes trabajar por adquirir estas cuatro características.

Su historia y falta de experiencia familiar no lo detuvo

A primera vista, Moisés no parecía tener las condiciones para ser el líder ideal. Primero, porque provenía de una familia dividida. Fue criado en una familia creyente y luego vivió con una familia pagana. Imaginemos el caso de Moisés. La madre, una fiel creyente, se esforzó por mantener a su hijo en los caminos de Dios. El faraón era un hombre indiferente, practicante de la religión pagana adoradora de múltiples dioses y que se fundamentaba en esta idea: "Si te sientes bien, hazlo".

Moisés pudo haber recurrido a su situación familiar como excusa para darle un rumbo equivocado a su vida, pero no lo hizo. No permitió que su pasado determinara su futuro. Aun en medio de una situación familiar que estaba lejos del ideal, se mantuvo fiel a los principios bíblicos.

Es probable que te identifiques con Moisés. Quizá tu situación familiar no fue la mejor. Tal vez creciste en un hogar que también estaba lejos del ideal de Dios. O quizá te preguntes si Dios puede llamarte a su servicio, especialmente porque provienes de un hogar disfuncional. La respuesta es un resonante ¡Sí! La historia de Moisés nos sirve de motivación e inspiración, aun para aquellos que venimos de una familia disfuncional.

El segundo punto es este. *Moisés tuvo que superar el obstáculo que representaba su edad.* Cuando Dios lo llamó ya tenía sus años, solo en el desierto había estado cuarenta años. En esa sociedad, al igual que en la nuestra, los vocablos "líder" y "anciano" no siempre iban juntos. Pero *toda* persona puede llegar a ser líder, no importa su edad. Moisés nos sorprende y nos inspira a seguir su ejemplo. Él demuestra que se puede ser anciano y líder.

Hay dos lecciones que podemos aprender de este aspecto de la vida de Moisés:

- Dios no consulta nuestro pasado para construir nuestro futuro.
- Nuestros problemas familiares no son una limitación ni sirven como excusa para no servir al Señor.

Moisés se tomó un riesgo a pesar de que no se sentía preparado

Moisés no estaba *calificado*, estaba *dispuesto*. Dios no está buscando gente calificada sino dispuesta. En ocasiones resulta más fácil hacer lo que es popular, lo que es seguro, lo que no te expone a la crítica, pero un seguidor de Dios asume riesgos dignos de afrontar, tales como:

- El riesgo de que tu familia te rechace por seguir a Jesús.
- El riesgo de que se burlen de ti en la escuela por orar en público.
- El riesgo de perder un trabajo por tus convicciones religiosas.
- El riesgo de ser malentendido o criticado injustamente por probar nuevas ideas.
- El riesgo de que te digan "no" cuando invitas a un amigo a la iglesia.

Una persona que no se arriesga nunca experimentará la gran satisfacción que genera intentar algo grande para Dios. Jesús nos dio el ejemplo. Su vida en la tierra estuvo llena de riesgos. Se arriesgó al elegir como madre a una adolescente. Se arriesgó al no seguir las tradiciones religiosas sin sentido. Y se arriesgó al morir en la cruz por un mundo incrédulo. Hoy, todavía, Jesús sigue asumiendo riesgos al invitar a personas como tú y como yo a ser líderes en su iglesia.

Hay dos lecciones que puedes aprender de esta segunda característica de Moisés:

- Si no te arriesgas, jamás experimentarás lo que es la grandeza.
- Los riesgos que tomamos pensando en la causa de Dios son recompensados por él.

El carácter cuenta

La razón por la que Dios no pudo trabajar con Moisés en Egipto cuando era joven es porque Moisés tenía el deseo, la posición y la posibilidad, pero no el carácter para liderar una rebelión.

El legado

El carácter cuenta. En la Biblia encontramos varios ejemplos de personas que se mantuvieron firmes en su fidelidad a Dios a pesar de las circunstancias adversas que afrontaban. Sus casos lo hacen a uno preguntarse: ¿Por qué? ¿Por qué los tres jóvenes hebreos no se inclinaron ante la estatua en Babilonia? ¿Por qué Ester no se amargó a pesar de haber perdido a sus padres? ¿Por qué José se mantuvo fiel en medio de una tentación sexual? La respuesta es sencilla: El carácter de estas personas hizo la diferencia.

Si el desarrollo del carácter es un asunto de tanta trascendencia, ¿cómo lo estamos desarrollando? Dios se tomó cuarenta años para desarrollar el carácter de Moisés. Aquí hay tres verdades.

El desarrollo del carácter no se completa en un día. Es un proceso que abarca toda la vida. El carácter que posees es la acumulación de tus decisiones, actos y pensamientos en el transcurso de tu vida. Las acciones y decisiones que tomas hoy están moldeando y desarrollando tu carácter. En el transcurso de tu existencia habrá:

- Eventos que probarán tu carácter.
- Oportunidades para perfeccionar tu carácter.
- Personas que observarán tu carácter.

Nuestro carácter se desarrolla con base en nuestras convicciones, y no sobre la base de los sentimientos. Al pensar en el proceso por el que desarrollamos un carácter virtuoso, piensa en la siguiente secuencia de eventos:

Nuestras *convicciones* influyen en nuestras *decisiones*. Nuestras *decisiones* engendran nuestras *acciones* y estas crean nuestro *carácter*. Los sentimientos o emociones sublimes son el resultado de un carácter ejemplar.

Ahora déjame darte un ejemplo de cómo funciona esto en la vida real. Gracias a su relación con Jesús y su Palabra, un hombre a quien llamaremos Juan posee *convicciones* profundas acerca de preservar su pureza sexual hasta su noche de bodas. Sin embargo, un día es tentado a tener relaciones sexuales. Pero Juan *decide* rechazar el ofrecimiento y lo *expresa* verbalmente a la dama que lo está invitando. Ahora, como *resultado* de mantenerse firme en su convicción, Juan tendrá *sentimientos* de paz y tranquilidad.

Si el carácter de Juan no hubiera sido moldeado por convicciones profundas, y se hubiera dejado llevar por sus sentimientos, probablemente Juan hubiera caído. Como resultado, habría experimentado sentimientos de culpa y remordimiento en vez de tranquilidad y paz.

La historia de Juan nos muestra la importancia de que seamos dirigidos por nuestras convicciones y no por nuestros sentimientos.

El carácter se desarrolla tomando como fundamento los principios de la Palabra de Dios y no la opinión popular. La pregunta que Moisés se formuló siempre fue: "¿Qué piensa Dios?", y no: "¿Qué piensa la gente, mis amigos, mi familia o la sociedad?"

Hay dos lecciones que podemos aprender de esta tercera característica de Moisés y propia de personas que dejan un buen legado.

- El carácter es fundamental.
- Los sentimientos son el *resultado*, no la *causa* de nuestras acciones.

Era una persona de fe

Fe. Palabra pequeña que mueve montañas. Aunque todos dudaban del éxito de la empresa, Moisés se mantuvo aferrado a la visión que Dios le dio de que su pueblo sería libre. Una persona que deja un legado es una persona de fe. Si vas a llegar al próximo nivel, la fe es un ingrediente indispensable. Si estudias a los grandes líderes en la historia de la humanidad, sean estos seculares o cristianos, encontrarás que entre ellos hay más diferencias que similitudes. Sin embargo, hay un elemento que los caracteriza a

El legado

todos por igual: la fe. La fe es la capacidad de ver tu destino a pesar de y a través de los obstáculos. Frente a estos, la fe produce en el líder tres reacciones:

a. *Se concentra en las posibilidades.* El líder de fe no solo ve lo que es, sino lo que puede ser.

b. *Avanza a pesar de los impedimentos.* El líder de fe no se detiene por causa de los obstáculos. Al contrario, los usa como peldaños en su camino hacia la cima.

c. *Desarrolla una actitud positiva.* El líder de fe no gasta su tiempo pensando en lo que no tiene. Más bien, cobra energías al pensar en lo que obtendrá.

Como líderes de una familia, de un grupo de trabajadores o de una iglesia, nuestro trabajo es definir la realidad. ¿Qué significa eso? Así como un diseñador de vestidos ya vio el vestido en su mente antes de cortar el primer trozo de tela, y así como el ingeniero ya vio el puente antes de que se colocaran los fundamentos, el líder ya vio (por revelación de Dios) el siguiente nivel que su organización habrá de alcanzar. Al tener una clara dirección de Dios, podemos llevar a nuestros seguidores a lugares que ellos mismos no creerían alcanzar.

Es importante que te hable de uno de mis temas favoritos antes de terminar este capítulo y este libro. Me refiero a la necesidad de mantener una actitud positiva. Te pregunto: Cuando te relacionas con otras personas, ¿cómo quedan estas? ¿Dejas un sentimiento positivo en ellas? ¿Se ponen tristes porque te vas, o dan gloria a Dios porque te fuiste?

Una actitud positiva produce los siguientes tres resultados:

a. *Complace a Dios.* Hemos estado estudiando historia tras historia del pueblo de Israel. Este murmuraba y se quejaba constantemente. Por eso tuvo que peregrinar por el desierto durante cuarenta años. Su actitud negativa resultó en la

Todos tenemos ~~problemas~~ soluciones

muerte de varios miles de ellos. Cuando somos positivos, aun Dios sonríe.

b. *Reduce el estrés.* Hace mucho tiempo aprendí que no puedes controlar lo que te pasa *a ti*, pero sí puedes controlar lo que pasa *en ti*. Vivimos en un mundo de pecado, y eso significa que habrá días malos, que habrá personas que procurarán hacernos la vida imposible y circunstancias que van a probar nuestra fe. Pero si mantenemos una actitud positiva a causa de nuestra comunión diaria con Jesús, tendremos menos estrés y nos será más fácil comprender y ayudar a los demás.

c. *Nos convierte en personas agradables.* A nadie le gusta una persona huraña y malhumorada. Si te pones a pensar en las personas con quienes más te gusta estar, advertirás que son personas positivas. Las personas positivas tienen más amigos, sus amistades duran más, y gozan de una vida más prolongada.

Hay dos lecciones que podemos aprender de esta cuarta característica.

- Camina por fe.
- Le fe nos hace personas positivas.

Espero que el tiempo que pasamos juntos mientras leías este libro te haya sido de provecho. Deseo que al final de tu vida puedas dejar un legado de bendición, que puedas decir: "Sí, todos tenemos problemas, pero también todos tenemos soluciones".

Promesa para atesorar: *"Y nunca más se levantó profeta en Israel como Moisés, a quien haya conocido Jehová cara a cara; nadie como él en todas las señales y prodigios que Jehová le envió a hacer en tierra de Egipto, a Faraón y a todos sus siervos y a toda su tierra, y en el gran poder y en los hechos grandiosos y terribles que Moisés hizo a la vista de todo Israel"* (Deuteronomio 34:10-12).

ESTUDIOS BÍBLICOS

Ocho lecciones.

Sencillas.

Prácticas.

Especialmente preparadas para ti.

Problemas reales.

Soluciones reales.

Un Dios real.

Contenido

Cómo usar efectivamente este recurso

1. Propósito:

La idea detrás de este recurso es ayudarte a entender que a pesar de las dificultades, los malos hábitos y otros problemas que puedas tener, existe una solución real para tus problemas, lo que te traerá esperanza y sanidad total.

2. Lección:

Cada lección está dividida en cuatro partes:

Ver: Comenzamos con una lectura relevante, un pensamiento, una cita, una historia o un verso de la Palabra de Dios. Te recomiendo que lo leas con detenimiento. De esa manera comenzaremos a ascender para lograr esperanza.

Inspirar: Esta parte se enfoca en abrir la Biblia y saber qué es lo que la Palabra de Dios tiene que decir sobre el tema. Aparecerán algunas preguntas; algunas tendrán espacios para llenar con unas pocas palabras, y otras tendrán espacios más grandes, para escribir libremente. Puedes sentirte libre de marcar pensamientos que te impacten y sean clave en tu crecimiento personal y espiritual.

Discernir: Esta es la parte de la lección en la que pondrás en práctica lo aprendido en la vida diaria. Podemos estar educados respecto a lo que debemos hacer, pero es crucial aplicar el conocimiento aprendido en las lecciones e implementarlo en la vida diaria. Cada lección tendrá tres sugerencias prácticas para vivir en la esperanza.

Ascender: Esta sección se enfoca en contestar la pregunta:

¿Y ahora qué? También nos conecta con las buenas nuevas o el evangelio. ¿Cuáles son las buenas nuevas que esta lección me trajo? ¿Qué puedo hacer con lo aprendido en cada lección? ¿Como resultado, cómo puedo potenciar mi vida al máximo?

3. Estudio en grupos pequeños, estudio individualizado, clases en la iglesia o estudio en el hogar.

Este recurso incluye once lecciones, de manera que se pueda estudiar una por semana. Las lecciones se pueden estudiar en hogares, en el trabajo, en la iglesia o donde Dios te indique. Son sencillas, prácticas y fáciles de entender. Cada lección puede completarse en unos treinta minutos o menos.

4. Pensamiento final:

Recuerda el objetivo de las lecciones: disfrutar, crecer y aprender mientras estudias. Abre tu mente y tu corazón, y ora para que Dios te dirija hacia la verdad que te indicará cómo tener una buena relación con él.

Problemas

Ver

Se ha dicho que "la paz no es la ausencia de problemas, sino la presencia de Dios en medio de ellos". En la lección de hoy analizaremos y entenderemos cómo reaccionar y actuar ante los problemas. Los problemas y las bendiciones suelen llegar sin anunciarse. Busquemos juntos las soluciones.

Inspirar

1. ¿Qué dos características definen nuestra existencia, de acuerdo a Job? Job 14:1 nos dice: *"El hombre nacido de mujer, corto de días, y hastiado de sinsabores"*.

   La vida es _____

   La vida está llena de _____

2. La Biblia menciona algunos ámbitos en los que experimentamos problemas. ¿Cuáles son?

   - Problemas en nuestras relaciones con los demás o nuestras necesidades. *Proverbios 19:4, 7.*
   - Problemas por causa de los ataques de los demás. *Salmo 25:19.*
   - Problemas por nuestras malas decisiones o nuestros actos pecaminosos. *Salmo 38:18.*

   De los tres problemas anteriores, ¿cuál es el que más te ha afectado?

   _____

Todos tenemos ~~problemas~~ vida

3. En vez de concentrarte en tus problemas, ¿cuál es la opción que la Biblia sugiere? *Filipenses 4:6.*

_____

4. San Pablo, autor de varios libros de la Biblia, tuvo muchas dificultades. Aunque sus circunstancias fueron difíciles, ¿qué pudo experimentar en medio de su dolor? *2 Corintios 7:4.*

_____

5. Lee Romanos 8:35-37. Escribe al menos cuatro cosas que la Biblia garantiza que no nos pueden separar del amor de Dios.

   a. _____   b. _____

   c. _____   d. _____

Discernir

Si tienes problemas, sigue estos principios:

1. Habla con Dios sobre el problema.

   "Delante de él expondré mi queja; delante de él manifestaré mi angustia". Salmo 142:2.

   No tienes que llevar tus cargas solo. No necesitas sentir que estás peleando solo. ¿Qué problema está afectando tu vida en este momento? Puedes escribirlo aquí si lo deseas:

_____

_____

2. Deja de preocuparte por el problema.

   Lee San Mateo 6:34: *"Así que, no os afanéis por el día de mañana, porque el día de mañana traerá su afán. Basta a cada día su propio mal".* Los problemas del día de hoy son suficientes para hoy. ¿Por qué? Déjame darte tres razones:

Problemas

- La preocupación no tiene sentido. Si lo puedes arreglar, hazlo; si no puedes, preocuparte no hará la diferencia.
- La preocupación no hace que las cosas mejoren. La preocupación magnifica los problemas.
- La preocupación no aumenta tu fe. Cuando te preocupas, minimizas el poder de Dios e incrementas tu ansiedad.

3. Cree en la ayuda de Dios para superar el problema.

Dios señala tres métodos para manejar adecuadamente nuestros problemas.

- Me libera del problema.
  "Entonces clamaron a Jehová en su angustia, y los libró de sus aflicciones" (Salmo 107:6).
- Me consuela en el problema.
  "[Él] nos consuela en todas nuestras tribulaciones, para que podamos también nosotros consolar a los que están en cualquier tribulación, por medio de la consolación con que nosotros somos consolados por Dios" (2 Corintios 1:4).
- Al fin eliminará todos los problemas.
  "Y a vosotros que sois atribulados, daros reposo con nosotros, cuando se manifieste el Señor Jesús desde el cielo con los ángeles de su poder" (2 Tesalonicenses 1:7).

Ascender

El texto para esta semana: *"Por nada estéis afanosos, sino sean conocidas vuestras peticiones delante de Dios en toda oración y ruego, con acción de gracias"* (Filipenses 4:6).

Mi decisión: Con la ayuda de Dios me preocuparé menos, oraré más y creeré en él completamente. Le diré mis problemas a Dios y esperaré su respuesta. La buena noticia es que Dios es más grande que cualquier problema, se preocupa por mí y está de mi parte.

Lección 2
Conexión

Ver

"No hagas de la oración un monólogo; hazla una conversación"
—*Anónimo.*

Las oraciones de los niños son las mejores. Antes de comenzar el estudio vamos a leer una de ellas: "Querido Dios, cuida de mi mamá, de mi papá, de mi hermana, de mi hermano y de mí. Y te pido que te cuides tu también, porque si te pasa algo estaremos en un gran problema".

Inspirar

1. ¿Qué pregunta de gran importancia se le formuló a Jesús? *San Lucas 11:1.*

_____

2. El Padrenuestro es una oración clásica registrada en San Mateo 6:9-13. Comienza con dos palabras:

_____ y _____.

3. ¿Por qué Dios quiere que lo veamos como Padre? ¿Es fácil o difícil pintar a Dios como Padre? ¿Por qué?

_____

4. Cuatro características de la oración efectiva.

- Una oración es efectiva cuando es honesta. *1 Samuel 1:10.*

Conexión

- Una oración es efectiva cuando admitimos nuestras debilidades, y así nos protege de la tentación. *San Mateo 26:41.*
- Una oración es efectiva cuando lleva a la acción. *2 Crónicas 7:14.*
- Una oración es más poderosa cuando busca a Dios, no solo cuando pide su ayuda. *Salmo 66:20.*

5. ¿Qué obstaculiza la oración efectiva? *San Marcos 11:25.*

_____

6. Es importante pedirle a Dios lo que necesitamos. ¿Qué otra parte de la oración es igual de importante? *Filipenses 4:6.*

_____

Discernir

Llegó el momento de poner en práctica lo aprendido. Crecemos cuando ponemos en práctica los siguientes principios de la oración. Para comenzar, Dios nos anima a:

1. Ser balanceados.

La oración es efectiva cuando considera los siguientes puntos de suma importancia:

a. La oración se enfoca en Dios y en lo que él es.

- Dios es _____ *2 Corintios 9:8.*
- Dios es _____ *1 Juan 5:14.*
- Dios es _____ *Deuteronomio 4:31.*
- Dios es _____ *1 Juan 3:1.*

Cuando nos enfocamos en Dios, nuestra perspectiva al hablar con él cambia.

b. La oración mira hacia el interior. Reconoce, confiesa, señala nuestros defectos. *Salmo 38:18.*

c. La oración mira a nuestro alrededor. Busca cómo bendecir a otros, y alaba a Dios por estar a nuestro favor. *Santiago 5:15.*

2. Ser cuidadosos.

Este es uno de los principios más importantes: La oración busca a Dios, y no solamente le pide ayuda. Él es el Proveedor de todo bien, pero sobre todo, anhela que lo ames y lo busques. Cuando ores, no busques solo sus providencias, sino su presencia.

3. Ser valientes.

Lee Hebreos 4:16. Este pasaje nos habla a nosotros como hijos de Dios; por lo tanto, podemos llegar a él sin temor. No tengas miedo de pedir ayuda a Dios. Hazlo de acuerdo a su voluntad y en el nombre de Jesús, y deja que él decida qué es lo mejor para ti.

Ascender

El texto para esta semana: *"Cuando en su tribulación se convirtieron a Jehová Dios de Israel, y le buscaron, él fue hallado de ellos"* (2 Crónicas 15:4).

Mi decisión: En esta semana me comprometo a orar tomando en cuenta los principios establecidos en la oración efectiva: enfocarme en Dios primero, confesar mis faltas, pedir grandes bendiciones para mí y para otros, y darle las gracias por su respuesta en mi favor, reconociendo que me ama sin medida y que cumplirá su voluntad de acuerdo a su amor. Entiendo que Dios acepta mi oración no porque soy yo quien ora, sino porque le agrada que ore. Decido desarrollar mi relación con Dios por medio de la oración, y entiendo que él me escucha y habla conmigo, sin importar lo que he hecho o lo que soy.

Lección 3
Prioridades

Ver

"Atiende los asuntos importantes primero", y "No dejes que lo urgente se sobreponga a lo importante", son frases comunes en cualquier discusión acerca de las prioridades. Tener las prioridades en el orden correcto es sumamente importante para el éxito en la vida, y no solo para el éxito en las cosas materiales. La Biblia nos enseña que es de vital importancia tener las prioridades en el orden correcto, y cultivar cada prioridad con esmero.

Inspirar

Lee San Lucas 10:38-42 y luego contesta las siguientes preguntas:

"Aconteció que yendo de camino, entró en una aldea; y una mujer llamada Marta le recibió en su casa. Esta tenía una hermana que se llamaba María, la cual, sentándose a los pies de Jesús, oía su palabra. Pero Marta se preocupaba con muchos quehaceres, y acercándose, dijo: Señor, ¿no te da cuidado que mi hermana me deje servir sola? Dile, pues, que me ayude. Respondiendo Jesús, le dijo: Marta, Marta, afanada y turbada estás con muchas cosas. Pero sólo una cosa es necesaria; y María ha escogido la buena parte, la cual no le será quitada".

1. ¿Quién estaba en la casa de Marta?
   (Clave: ¡Es más de una persona!)

Todos tenemos ~~problemas~~ vida

2. Describe las emociones de Marta. Escribe por lo menos tres:

_____   _____   _____

3. El nombre de Marta significa "la que se convierte en amargada". ¿Por qué crees que Jesús mencionó su nombre dos veces? ¿Qué hizo que estuviera afanada (amargada en realidad)?

_____

_____

4. Pensando en la actitud de Marta, ¿cómo crees que le habló a Jesús en el versículo 40?

_____

5. Jesús le dijo a Marta que María había "escogido" la mejor parte. ¿Cuán difícil es para ti apartar tiempo para dedicarlo a Jesús?

_____

Discernir

Para reenfocar tu vida, todos los días debes tomar tres decisiones.

1. *Escoge lo importante sobre lo urgente.* María escogió y descubrió lo importante, Marta escogió lo urgente. Debemos tener cuidado con la tiranía de la urgencia que busca desviarnos de las cosas que son verdaderamente importantes en la vida, como Dios, la familia y el crecimiento personal. ¿Cuáles son las cosas más urgentes (por lo menos piensa en una o dos) que te desvían de las cosas más importantes?

2. *Escoge lo mejor sobre lo bueno.* La decisión más difícil para un cristiano no es escoger entre lo bueno y lo malo; es escoger entre lo bueno y lo mejor. ¿Cuáles son las áreas de tu vida donde te conformas con lo bueno solamente?

3. *Escoge lo permanente sobre lo temporal.* La última tendencia, la película más taquillera, el último celular, el mejor vestido (para ellos y ellas) tienen algo en común: buscan llamar tu atención; pero todas son de carácter temporal. No concentres tus esfuerzos en personas, cosas, problemas que no estarán presentes dentro de veinte años. ¿Cuál es ese problema que te agobia en este momento que tú sabes que pronto pasará?

_____

_____

Ascender

El texto para esta semana: *"Mas buscad primeramente el reino de Dios y su justicia, y todas estas cosas os serán añadidas"* (S. Mateo 6:33).

Mi decisión: Esta semana memorizaré estas tres palabras: *importante, mejor* y *permanente.* Cada vez que vaya a tomar una decisión, me preguntaré si estoy tomando en cuenta estos tres conceptos. Compartiré con un amigo que necesite oír estos principios. Recordaré que mis buenas acciones no me hacen más valioso para Dios. La cruz me recuerda que Cristo murió antes de que yo pudiera hacer algo para que lo mereciera.

El evangelio dice: "Está hecho. Está terminado. Está completado". Ahora, descansaré en él.

Lección 4

Zozobra

Ver

Samuel Bacchiochi escribió un libro acerca del verdadero reposo, el que desde el título comienza a infundir paz: *Reposo divino para la inquietud humana* (Biblical Perspectives, 1988). La lección de hoy trata sobre el reposo que trae paz y salud. Vamos a estudiar tres conceptos del verdadero reposo:

- El verdadero reposo viene de Dios.
- El verdadero reposo no es una bendición futura.
- El verdadero reposo forma parte de nuestro régimen de salud.

Inspirar

1. ¿Por qué la gente sufre de estrés y zozobra? Veamos dos razones:

a. Isaías 57:21: *"No hay paz, dijo mi Dios, para los impíos"*.

Los _____ tienen una conciencia culpable.

b. Mateo 6:31-33: *"No os afanéis, pues, diciendo: ¿Qué comeremos, o qué beberemos, o qué vestiremos? Porque los gentiles buscan todas estas cosas; pero vuestro Padre celestial sabe que tenéis necesidad de todas estas cosas. Mas buscad primeramente el reino de Dios y su justicia, y todas estas cosas os serán añadidas"*.

Nos estresamos porque nuestras prioridades están confundidas. Dios debe ser nuestra primera prioridad, después la familia, y después el trabajo. Evalúa tu orden de prioridades de acuerdo a como estás viviendo ahora. Asigna el número 1 a tu primera prioridad, el 2 a la segunda, el 3 a la tercera, y así sucesivamente.

___ Dios
___ Posesiones
___ Familia
___ Recreación
___ Educación
___ Trabajo
___ Otras _____

2. ¿Por qué la gente vive sobrecargada? Lee San Mateo 11:28-30 y escribe la respuesta.

_____

3. Dios sabía que íbamos a estar sobrecargados, por eso nos dio un Salvador para descansar en él los siete días de la semana, y apartó un día de la semana para que descansáramos de nuestros trabajos y tareas. Lee y escribe en una frase lo que entiendes de cada texto:

San Mateo 11:28-30 _____

Génesis 2:1-3 _____

Éxodo 20:8-11 _____

San Marcos 2:27, 28 _____

Isaías 58:13, 14 _____

Isaías 66:22, 23 _____

Discernir

El trabajo y el descanso le fueron dados al hombre en la misma semana de la creación: el trabajo le fue dado el sexto día (viernes), y el descanso el séptimo día (sábado):

Todos tenemos ~~problemas~~ vida

1. El mandamiento del trabajo.

Génesis 2:15: *"Tomó, pues, Jehová Dios al hombre, y lo puso en el huerto de Edén, para que lo labrara y lo guardase"*.

Antes del descanso viene el trabajo. Sería ilógico descansar sin haber trabajado.

2. El mandamiento del descanso.

Génesis 2:2, 3: *"Y acabó Dios en el día séptimo la obra que hizo; y reposó el día séptimo de toda la obra que hizo. Y bendijo Dios al día séptimo, y lo santificó, porque en él reposó de toda la obra que había hecho en la creación"*.

El día de descanso, el séptimo día, el sábado, nos fue dado para convivir con Dios. Durante el sábado dejamos de trabajar para que Dios trabaje en nosotros. Así, él restaura nuestra salud física y emocional. En el cuarto mandamiento de la ley escrita en el Sinaí se nos dan estos dos mandatos en el mismo orden otra vez: "Seis días trabajarás", "mas el séptimo día es reposo para Jehová tu Dios" (Éxodo 20:9, 10).

3. El ejemplo de Cristo.

San Lucas 4:16, NVI: *"Fue a Nazaret, donde se había criado, y un sábado entró en la sinagoga, como era su costumbre"*.

4. Completa las frases acerca del reposo espiritual, físico y emocional:

- El reposo espiritual se obtiene por medio de la comunión con quién: _____.

- El reposo físico y emocional se obtiene por medio de la observancia de cuál día: _____.

5. ¿Cómo debemos guardar el sábado? Contesta las preguntas de acuerdo a los textos bíblicos.

Zozobra

a. ¿Cuándo empieza y termina el día de reposo? *Levítico 23:32.*

_____

b. ¿Qué hizo Jesús los días sábado? *San Lucas 4:16.*

_____

c. ¿Qué más hizo Jesús el día sábado? *San Mateo 12:11, 12; San Juan 5:8, 9.*

_____

d. ¿Qué hizo el apóstol Pablo los días sábado? *Hechos 17:1, 2; Hechos 18:4.*

_____

e. ¿A dónde más fue Pablo en sábado? *Hechos 16:13.*

_____

f. ¿Qué se nos recomienda hacer en los últimos días? *Hebreos 10:25.*

_____

Ascender

El texto para esta semana: *"También les dijo: El día de reposo fue hecho por causa del hombre, y no el hombre por causa del día de reposo. Por tanto, el Hijo del Hombre es Señor aun del día de reposo"* (S. Marcos 2:27, 28).

Mi decisión: Decido acudir a Cristo para obtener reposo espiritual, y guardar el sábado tal como lo hizo Jesús, para obtener reposo físico y emocional.

Finanzas

Ver

El dinero no es moral ni inmoral, no es malo ni bueno. Es como un ladrillo que podemos usar para construir una pared o para romper la ventana del vecino que escucha la música a todo volumen a las tres de la mañana. El problema no es el dinero, sino cómo lo usamos. Adopta las mismas características de su dueño y lo hace más de lo que ya es. Hay en la Biblia unas 2.500 referencias respecto a las finanzas. Veamos algunos principios clave que nos pueden ayudar.

Inspirar

1. Lee San Lucas 14:28: *"¿Quién de vosotros, queriendo edificar una torre, no se sienta primero y calcula los gastos, a ver si tiene lo que necesita para acabarla?"*. Este verso bíblico contiene cuatro principios para mejorar la administración de las finanzas.

   a. *Ponte metas:* La meta del hombre era construir un edificio. ¿Cuáles eran sus metas financieras? Escribe dos o tres metas financieras que quieres alcanzar de aquí a uno a tres años:

   _____

   _____

   _____

   b. *Piensa antes de actuar:* ¿Qué hizo el hombre antes de comenzar a construir? ¿Eres un comprador impulsivo o reflexionas antes de comprar?

   _____

c. *Elabora un presupuesto:* ¿Cuál es el propósito de un presupuesto? ¿Qué te impide hacer tu propio presupuesto?

_____

d. *Persevera:* ¿Es difícil o fácil terminar lo que comenzaste?

_____

2. El libro de Job contiene declaraciones significativas respecto a las finanzas. Por ejemplo: *"Si escuchan y obedecen a Dios, serán bendecidos con prosperidad por el resto de su vida. Todos sus años serán agradables"* (Job 36:11, NTV). De acuerdo con el verso que leímos, ¿cuál es mi papel respecto a las finanzas?

Yo debo _____

y _____ a Dios.

3. Lee la historia en San Lucas 12:16-20 acerca del peligro de concentrarte demasiado en las cosas materiales. ¿Qué lección nos quiere enseñar Jesús por medio de esta historia?

_____

En esta historia Jesús nos enseña a conceder a Dios la primera prioridad, a no desplazarlo de su lugar de honor. Este hombre era rico pero insensato, avaro y egocéntrico. La avaricia es idolatría, una forma de adoración propia. El rico insensato pensaba solo en sí mismo y no en las necesidades de los pobres, a quienes podía ayudar con sus caudales. El que comparte no empobrece. Dios bendice la mano que se abre para dar.

4. Uno de los aspectos que más liberan al ser humano es que el evangelio no se basa en lo que producimos, en lo que ganamos o en lo que poseemos. ¿Qué invitación nos ofrece Jesús, sin importar qué hayamos hecho o no? *Apocalipsis 22:17.*

_____

Discernir

Practica tres lecciones adicionales acerca de las finanzas:

1. *No te dejes seducir.* La Biblia nos da el siguiente consejo en Job 36:18: *"Ten cuidado, o la riqueza podrá seducirte"* (NTV). ¿Habrá alguna cosa material que esté seduciéndote?

_____

2. *No te obsesiones con lo material.* Realiza una autoevaluación analizando las siguientes cosas que pueden obsesionarte. (No se discutirán en grupo, pues son un asunto personal)

   ☐ ¿Eres negligente con tu familia por causa de tu trabajo?

   ☐ ¿No puedes dejar de trabajar después que sales de tu lugar de trabajo?

   ☐ ¿Piensas en el trabajo aun en tus vacaciones y días de descanso?

   ☐ ¿Piensas en el trabajo cuando te levantas y cuando te acuestas?

   ☐ ¿Piensas en el trabajo o en las finanzas cuando oras, lees la Biblia o estás a la iglesia?

   ☐ ¿Seleccionas tu carrera pensando primordialmente en cuánto dinero vas a ganar?

   ☐ ¿Compras productos en oferta aun cuando sabes que no los necesitas?

   ☐ ¿Cuándo sales a comer, comes más cuando otra persona paga?

   ☐ ¿Es ganar mucho dinero el principal objetivo de tu vida?

3. No te comprometas con las deudas de otros. La Biblia es muy clara al respecto. Proverbios 22:26 y 27 nos aconseja: *"No seas de aquellos que se comprometen, ni de los que salen por fiadores*

de deudas. Si no tuvieres para pagar, ¿por qué han de quitar tu cama de debajo de ti?" ¿Qué peligro implica garantizar las deudas de otra persona? Menciona por lo menos dos.

_____

_____

Ascender

El texto para esta semana: *"Porque ¿qué aprovechará al hombre, si ganare todo el mundo, y perdiere su alma? ¿O qué recompensa dará el hombre por su alma?" (S. Mateo 16:26).*

Cuando John D. Rockefeller murió, le preguntaron a su contador cuánto dinero dejó, y él respondió: "Lo dejó todo". Piensa en un basurero público. Allí encontrarás televisores, radios, ropa y miles de objetos que alguna vez fueron valiosos, pero que al paso del tiempo fueron desechados. Por esos objetos hay gente en la cárcel, matrimonios rotos, amistades disueltas, valores comprometidos, familias negligentes e iglesias abandonadas. La pregunta es: ¿Vale la pena perder todo por dar prioridad a las cosas materiales?

Mi decisión: Con la ayuda de Dios decido manejar mis finanzas de manera que glorifique a Dios y valore mi salud y mi familia. Oraré para encontrar mi valor en base a lo que Dios ha hecho por mí y no por las cosas temporales que pierden su valor. El evangelio nos da libertad para producir y para ser amados y valorados por lo que somos, no por los que tenemos o por nuestro éxito. Su sacrificio nos da verdadera aceptación, verdadero valor. Soy amado. Punto.

Lección 6

Heridas

Ver

"Quebrantado estoy por el quebrantamiento de la hija de mi pueblo; entenebrecido estoy, espanto me ha arrebatado. ¿No hay bálsamo en Galaad? ¿No hay allí médico? ¿Por qué, pues, no hubo medicina para la hija de mi pueblo?" (Jeremías 8:21, 22).

Todos hemos sido heridos. Para algunos, las heridas emocionales y físicas son un constante recordatorio de que las palabras y los actos importan. Este es un tema que la Escritura aborda repetidamente.

Inspirar

Hay muchas causas del dolor: causas físicas, espirituales, emocionales, y también el abuso, ya sea física, psicológico o sexual. Todos hemos experimentado el dolor o el sufrimiento, o conocemos a una persona que lo ha experimentado.

1. ¿Quién es el responsable del dolor y el sufrimiento en este mundo? *Apocalipsis 12:9; Romanos 1:24.*

_____

2. Hay por lo menos cuatro razones para el dolor y el sufrimiento. Toma un momento para reflexionar sobre estas categorías y analizarlas de acuerdo a tus experiencias. Asigna un porcentaje (en términos de la cantidad de dolor experimentado) a cada una:

Heridas

Dolor intencional causado por otras personas. _____

Dolor sin intención causado por otras personas. _____

Dolor intencional que tú mismo te has causado. _____

Dolor sin intención causado por ti mismo. _____

3. Desde tiempos bíblicos, Dios ha provisto guías para el respeto que debe existir entre los seres humanos y las consecuencias de cualquier tipo de abuso. Vamos a repasarlas.

- Abuso contra la esposa. *Efesios 5:25, 28, 29; 1 Pedro 3:7.*
- Abuso mediante actos de incesto. *Deuteronomio 27:22.*
- Abuso contra los niños. *San Mateo 18:6.*
- Abuso contra los animales. *Proverbios 12:10.*
- Abuso contra los empleados. *Efesios 6:9; Colosenses 4:1.*

4. El dolor puede causar heridas profundas, especialmente cuando no has hablado de ellas y no has perdonado. El dolor y el sufrimiento prosperan en secreto. Veamos dos sugerencias que la Biblia da sobre la importancia de compartir nuestro dolor con otros.

a. ¿Cómo se sentía David cuando no podía compartir sus pesares con nadie? Lee Salmo 32:3. ¿Por qué es importante compartir nuestros problemas y nuestras heridas con alguien responsable y calificado?

_____

b. ¿Qué bendición adicional hay en el hecho de compartir tu dolor con otros? *Santiago 5:16.*

_____

5. ¿Por qué es tan importante perdonar? ¿Qué significa perdonar? He aquí algo que podemos hacer: *San Lucas 6:28.*

_____

6. ¿Qué podemos hacer por aquellos que han experimentado dolor? *Hebreos 12:12, 13; Isaías 35:3, 4.*

_____

7. ¿Qué ha prometido Dios acerca de poner fin a todo el dolor y el sufrimiento? *Apocalipsis 21:3, 4.*

_____

Discernir

Tenemos tres acciones importantes que realizar.

1. *Manejar el dolor correctamente.* De acuerdo a investigaciones recientes, más de la mitad de las mujeres han experimentado abuso y más del cuarenta por ciento de los hombres también. ¿Qué podemos hacer? Algunos ocultan el dolor, otros lo ignoran o lo mitigan por medio de adicciones. En vez de solo hablar del abuso, busca sanidad en Dios. Él puede traer sanidad a tu vida. ¿Qué pasos podemos dar para superar el dolor y seguir adelante?

_____

_____

Perdonar, denunciar y ayudar, son tres pasos para sanar. El perdón te librará del rencor. La denuncia del abusador te dará seguridad. La liberación del trauma te capacitará para aconsejar a otras víctimas.

2. *Perdonar completamente.* Hay que dejar el resentimiento y perdonar. Esto no significa que se restaure la relación y recibas en tu hogar nuevamente a tu abusador. Significa que puedes tratar con respeto y con amor a las personas que te hirieron. Si

eres una víctima, el primer paso es perdonar. ¿A quién necesitas perdonar hoy?

_____

3. *Crecer por medio del perdón inmediatamente.* Una vez que logras perdonar, comienzas a crecer. A medida que vas dejando atrás tu pasado, ayudarás a otras personas a andar con valentía por el mismo camino, o servirás de consuelo a otros que ya han pasado por una experiencia semejante y se identifican contigo.

Ascender

El texto de esta semana: *"El Espíritu del Señor está sobre mí, por cuanto me ha ungido para dar buenas nuevas a los pobres; me ha enviado a sanar a los quebrantados de corazón; a pregonar libertad a los cautivos, y vista a los ciegos; a poner en libertad a los oprimidos" (S. Lucas 4:18).*

Mi decisión: Decido dejar mi vida en las manos de Dios, para poder lidiar con el dolor, perdonar y crecer después de haber perdonado.

Enemistad

Ver

Hemos sido creados para relacionarnos. Nuestra relación con los demás influye en nuestra salud. Billy Graham acertó cuando dijo: "Dios está más interesado en tu futuro y en tus relaciones que tú mismo".

El sabio Salomón, en Eclesiastés 4:9-12, enfatizó el valor de la compañía: *"Mejores son dos que uno; porque tienen mejor paga de su trabajo. Porque si cayeren, el uno levantará a su compañero; pero ¡ay del solo! que cuando cayere, no habrá segundo que lo levante. También si dos durmieren juntos, se calentarán mutuamente; mas ¿cómo se calentará uno solo? Y si alguno prevaleciere contra uno, dos le resistirán; y cordón de tres dobleces no se rompe pronto".*

Inspirar

La Biblia tiene mucho que decir acerca de nuestras relaciones con los demás. Daremos algunos consejos prácticos del Diseñador de las relaciones, quien nos enseña a relacionarnos con los amigos y los enemigos.

1. Escoge tus amigos sabiamente. Lee Proverbios 12:26. Puedes ser amistoso con todos, pero establece una relación cercana con pocos. Debes tener mucho cuidado al seleccionar tu círculo íntimo de amistades. ¿Recuerdas alguna amistad mal escogida que llegó a causarte dificultades?

Enemistad

2. Entiende la fragilidad de la condición humana. Lee Salmo 41:9. Aun en las mejores relaciones amistosas hay momentos amargos. ¿Qué nos enseña el texto acerca de lo delicado de las relaciones humanas?

_____

3. Evita el chisme. El chisme es la manera más segura de destruir amistades. Evítalos. Leamos dos resultados desfavorables producto del chisme:

   Proverbios 16:28 _____

   Proverbios 17:9 _____

4. Es trágico y dañino, pero ¿quién a veces nos causa dolor y sufrimiento? *San Mateo 10:36.*

_____

5. En lugar de guardar rencor, ¿qué nos aconseja la Biblia? *Salmo 143:9.*

_____

6. Sean amigos o enemigos, la gente nunca llenará tus expectativas y seguramente en algún momento te decepcionará. ¿En quién puedes confiar y puedes llamarlo amigo? *San Juan 15:15.*

_____

Discernir

Mencionaremos algunos puntos adicionales sobre las relaciones humanas saludables.

1. Los que están alrededor de nosotros ejercen una gran influencia sobre nosotros. Tus relaciones de amistad pueden ser la

causa del mayor dolor o del mayor regocijo. Estas son algunas preguntas que debes hacerte cuando seleccionas a tus amigos:

- *¿Esta persona me anima a estar más cerca de Dios?* Si tu objetivo final es estar más cerca de Jesús, hay amigos que pueden estar en ese camino o fuera de él. El escritor del libro de Proverbios nos dice: *"Como el hierro se afila con hierro, así un amigo se afila con su amigo"* (Proverbios 27:17, NTV). Esto significa que cuando escoges a un amigo, este debe estar en el mismo nivel de compañerismo con Cristo que tú; de lo contrario, te alejará de él.

- *¿Este amigo me acerca a mis objetivos o me aleja de ellos?* Una de las cosas más importantes de la vida es tener metas y objetivos que sean específicos, medibles y alcanzables. ¿Cuáles son los tuyos? ¿Dónde quieres estar dentro de diez años? ¿Tus amigos te detienen en el sentido de alcanzar tus objetivos de vida, o te motivan a perseguir tus metas?

- *¿Está este amigo cerca de mí solo por interés mezquino?* Muchos amigos solo están interesados en sacar provecho del otro. Es el tipo de amigos que solo toman y no dan. ¿Cómo puedes ayudar a un amigo egoísta? ¡No seas tú un amigo egoísta, tampoco!

2. Cuando haya personas a quienes no les gustas, piensa en las siguientes cosas:

- *No lo recuerdes.* Una respuesta común es guardar resentimiento por el mal que te hicieron. Esto no ayuda a nadie, especialmente al que sufre. Entrega el resentimiento a Jesús. ¿Es posible perdonar aun cuando la otra persona no ha pedido disculpas?

- *No te relaciones con personas que, por sus acciones o palabras, causan dolor a los demás.* Debes buscar otros amigos. Procura salir del círculo de amistades que causan sufrimiento. No continúes tus relaciones con personas tóxicas. ¿Estás pensando en cortar alguna relación con ese tipo de persona?

Enemistad

- *No tomes represalias.* La venganza es de Dios. Él es un juez justo que dará el pago de acuerdo a las acciones de las personas. Rehúsate a tratar a la gente de la misma manera vengativa o dañina que te tratan a ti. Las personas que odian a otros no se tratan bien a sí mismos. Si has pensado en tomar represalias contra alguien, ¿qué pasos prácticos puedes dar para no hacerlo?

Ascender

El texto de esta semana: *"El hombre que tiene amigos ha de mostrarse amigo; y amigo hay más unido que un hermano"* (Proverbios 18:24).

Mi decisión: Buscaré personas que me ayuden a crecer, no a quienes pueden hundirme en la aflicción. Pondré mi confianza en Jesús y procuraré que él sea el primero en aceptarme, antes que mis amistades. El evangelio me libera de la adicción a la aprobación de los demás. Soy amado y aceptado por Dios porque su Hijo Jesús no solo es mi Salvador, sino que también es mi Amigo, y me quiere tal como soy.

Lección 8

Fracasos

Ver

A todos nos gustan los ganadores. Es la razón por la cual tenemos marcadores. "Si ganar o perder no importa, ¿por qué todos los deportes tienen marcadores?", dijo Vince Lombardi. Si somos honestos con nosotros, debemos admitir que hay áreas en las que podemos mejorar. La lección de hoy trata sobre el fracaso. Vamos a recordar tres poderosos principios que nos ayudarán a entender y a superar el fracaso:

- El fracaso es un evento, no una identidad.
- Puedes fracasar, pero eso no significa que eres un fracasado.
- Todo el mundo fracasa.

Inspirar

1. ¿Por qué la gente fracasa? Veamos dos razones:

a. Somos _____.

Proverbios 16:18 (NTV): *"El orgullo va delante de la destrucción, y la arrogancia antes de la caída"*.

Las tres palabras más peligrosas en español son: YO YA SÉ.

b. Tomamos _____.

Proverbios 21:5 (NTV): *"Los planes bien pensados y el arduo trabajo llevan a la prosperidad, pero los atajos tomados a la carrera conducen a la pobreza"*. ¿En qué áreas de tu vida tienes la tendencia a tomar atajos? Siéntete con libertad de compartir esta lista o reflexionar de manera personal. Autoevalúate.

Fracasos

Marca aquellas en que tú te apresuras o tomas atajos:

☐ Relaciones

☐ Ejercicio y dieta

☐ Finanzas

☐ Educación

☐ Espiritualidad

☐ Otras _____

2. Cuando fracasamos, es importante examinarnos y descubrir por qué fallamos. Después de echar una mirada sobre nosotros, ¿qué gran paso debemos tomar? Lee Lamentaciones 3:40 y escribe tus reflexiones:

_____

3. Un paso de mucha importancia es reclamar las promesas de vida y esperanza que Dios tiene para nosotros. Por lo menos te invito a practicar tres de ellas. Lee:

Salmo 50:15 _____

Salmo 34:7 _____

Isaías 41:10 _____

Discernir

Cada persona reacciona de distintas maneras ante el fracaso. Estas tres son las más comunes:

1. Algunos renuncian.

Eclesiastés 10:4 (NTV): *"Si tu jefe se enoja contigo, ¡no renuncies a tu puesto! Un espíritu sereno puede superar grandes errores".*

No te des por vencido en tu relación con Dios. No te des por vencido en las relaciones con los demás. No dejes de seguir persiguiendo tus sueños.

2. Algunos culpan a los demás.

Génesis 16:5: *"Entonces Saraí le dijo a Abram: —¡Todo esto es culpa tuya! Puse a mi sierva en tus brazos pero, ahora que está embarazada, me trata con desprecio. El Señor mostrará quién está equivocado, ¡tú o yo!"*

Nuestro futuro no se construye sobre la base de culpar a otros por lo malo que nos pasa.

3. Algunos crecen.

Filipenses 3:12-14: *"No que lo haya alcanzado ya, ni que ya sea perfecto; sino que prosigo, por ver si logro asir aquello para lo cual fui también asido por Cristo Jesús. Hermanos, yo mismo no pretendo haberlo ya alcanzado; pero una cosa hago: olvidando ciertamente lo que queda atrás, y extendiéndome a lo que está delante, prosigo a la meta, al premio del supremo llamamiento de Dios en Cristo Jesús".*

Efesios 3:20, 21: *"Y a Aquel que es poderoso para hacer todas las cosas mucho más abundantemente de lo que pedimos o entendemos, según el poder que actúa en nosotros, a él sea gloria en la iglesia en Cristo Jesús por todas las edades, por los siglos de los siglos. Amén".*

Ascender

El texto de esta semana: *"Hermanos, yo mismo no pretendo haberlo ya alcanzado; pero una cosa hago: olvidando ciertamente lo que queda atrás, y extendiéndome a lo que está delante, prosigo a la meta, al premio del supremo llamamiento de Dios en Cristo Jesús"* (Filipenses 3:13, 14).

Mi decisión de hoy: Con la ayuda de Dios siempre recordaré que el fracaso es un evento, no una identidad. Aprenderé de mis errores, pero no me dejaré definir por ellos. La muerte y la resurrección de Cristo me ha enseñado que en la hora más oscura, mi bendición está por llegar. Decido creer en Jesús y en el plan que él ha diseñado para mí.

Lección 9

Muerte

Ver

"El diablo es el portero del cementerio", dijo Eduardo Galeano.

"Todo tiene solución menos la muerte", reza un dicho popular. Hay otras opiniones acerca de la muerte:

- Para los hindúes, la muerte se soluciona con la reencarnación.
- Para los católicos, la muerte de un ser querido se soluciona con una misa cada aniversario.
- Para el cristianismo bíblico, la muerte se soluciona con la resurrección.

La lección de hoy trata sobre la muerte y su solución, porque la muerte sí tiene solución. Vamos a explorar lo que la Biblia dice acerca de la muerte y la solución:

Inspirar

1. ¿Cómo fuimos creados? *Génesis 2:7.*

_____

La Biblia dice que Dios formó al hombre con el polvo de la tierra y sopló en él el aliento de vida. Entonces, el cuerpo, más el aliento, forman el alma viviente.

2. ¿Puede morir el alma? *Ezequiel 18:4.*

_____

3. ¿Por qué la gente muere? Veamos la razón:

Todos tenemos ~~problemas~~ vida

"La paga del _____ *es muerte"* (Romanos 6:23).

4. ¿Qué pasa cuando uno muere? *Eclesiastés 12:7.*

_____

5. ¿Qué sucede con los pensamientos, o la conciencia, de la persona que muere? *Salmo 146:4.*

_____

6. ¿Cómo describió Jesús la muerte de su amigo Lázaro? *San Juan 11:11-14.*

_____

7. ¿Qué solución ofrece Dios para la muerte? *San Juan 3:16.*

_____

8. Dos declaraciones de Cristo acerca de la solución de la muerte son:

   a. *"Yo soy el camino, la verdad y la* _____ *"* (S. Juan 14:6).

   b. *"Yo soy la* _____ *y la vida"* (S. Juan 11:25).

9. ¿Cuándo y cómo vencerá Jesús la muerte? *"Porque el Señor mismo con voz de mando, con voz de arcángel, y con trompeta de Dios,* _____ *del cielo; y los muertos en Cristo* _____ *primero"* (1 Tesalonicenses 4:16).

Discernir

Cada persona reacciona de distintas maneras ante la muerte de un ser querido. Estas tres son las más comunes:

Muerte

1. Algunos pierden la fe.

    Salmo 14:1: *"Dice el necio en su corazón: no hay Dios"*.

    Ante la pregunta de un ateo sobre la existencia de Dios, Billy Graham respondió: "Dios existe. Hablé con él esta mañana".

2. Algunos acuden a los espiritistas, pero ten en mente que Dios prohíbe esto.

    a. Los muertos no están conscientes. *"Porque los que viven saben que han de morir; pero los muertos nada saben, ni tienen más paga; porque su memoria es puesta en olvido. También su amor y su odio y su envidia fenecieron ya; y nunca más tendrán parte en todo lo que se hace debajo del sol" (Eclesiastés 9:5, 6).*

    b. Dios prohíbe específicamente consultar a los mediums espiritistas, porque ellos, en realidad, consultan a los demonios: *"Jamás sacrifiques a tu hijo o a tu hija como una ofrenda quemada. Tampoco permitas que el pueblo practique la adivinación, ni la hechicería, ni que haga interpretación de agüeros, ni se mezcle en brujerías" (Deuteronomio 18:10, NTV).*

3. Algunos se aferran de Dios y esperan hasta la resurrección.

    1 Tesalonicenses 4:13, 14: *"Tampoco queremos, hermanos, que ignoréis acerca de los que duermen, para que no os entristezcáis como los otros que no tienen esperanza. Porque si creemos que Jesús murió y resucitó, así también traerá Dios con Jesús a los que durmieron en él".*

En resumen, la Biblia nos dice:

- Que los muertos están _____.

- Que los muertos reposan hasta el retorno de _____.

- Que el remedio de Dios para la muerte es la _____.

Ascender

El texto para esta semana: *"Enjugará Dios toda lágrima de los ojos de ellos; y ya no habrá muerte, ni habrá más llanto, ni clamor, ni dolor; porque las primeras cosas pasaron"* (Apocalipsis 21:4).

Mi decisión: Con la ayuda de Dios siempre recordaré que la muerte tiene solución, porque Cristo ha vencido la muerte. Decido creer en Jesús y en la esperanza de la resurrección.

Perdición

Ver

Hay tres problemas que ningún ser humano jamás podrá solucionar:

- El problema de Satanás
- El problema del pecado
- El problema de la muerte

Pero Jesús ya solucionó estos problemas.

A pesar de la solución divina, estos problemas siguen llevando a las almas a la perversión, a la lucha contra el bien, y al cementerio. Aun los cristianos pecan y mueren. ¿Por qué? Porque Cristo aún no ha venido a cambiar nuestra naturaleza pecaminosa, a encarcelar a Satanás y a sacar a sus hijos fieles de los sepulcros para llevarlos al cielo. Pero pronto volverá y culminará la redención.

Inspirar

Cristo vendrá otra vez (*Apocalipsis 3:11; 22:12*). Lee los siguientes textos y anota las características de su advenimiento:

1. *Hechos 1:11*: _____.

    La segunda venida de Cristo será tan literal como su primera venida y su retorno al cielo.

2. *Apocalipsis 1:7; Mateo 26:64*: _____.

    La segunda venida de Cristo será visible para todos los habitantes del mundo.

3. *San Mateo 24:30*: _____.

Nada se podrá comparar con el retorno glorioso de Jesús.

4. *San Mateo 24:30, 31; 1 Tesalonicenses 4:16*:

_____

Entre trompetas y gritos, la segunda venida será estruendosa.

5. *San Mateo 16:27; 2 Tesalonicenses 1:6-8*:

_____

Se dará la recompensa final a cada uno, de acuerdo a sus decisiones y acciones durante su vida en la tierra.

El advenimiento de Cristo traerá estos beneficios:

- Acabará con el sufrimiento y la muerte. *Apocalipsis 21:4.*
- Acabará con el dominio de Satanás. *Apocalipsis 20:1-3.*
- Nos concederá vida eterna. *San Juan 10:27, 28.*

Discernir

¿Qué posibilidades tenemos de ir hasta donde Dios habita por nuestra cuenta?

_____

¿Qué posibilidades tenemos de ir al cielo en una nave espacial?

_____

¿Qué posibilidades tenemos de ir al cielo llevados por Cristo? Lee San Juan 14:1-13. Aquí se nos dice que hay que creer en dos personas. ¿Quiénes son?

_____   _____

Ascender

El texto para esta semana: *"No se turbe vuestro corazón; creéis en Dios, creed también en mí. En la casa de mi Padre muchas moradas hay; si así no fuera, yo os lo hubiera dicho; voy, pues, a preparar lugar para vosotros. Y si me fuere y os preparare lugar, vendré otra vez, y os tomaré a mí mismo, para que donde yo estoy, vosotros también estéis"* (San Juan 14:1-3).

Mi decisión: Quiero ser libre del dominio del diablo, del pecado y de la muerte. Decido recibir a Cristo en mi corazón y esperarlo en su segundo advenimiento, porque él es mi Libertador.

Lección 11
Fe

Ver

Hay cuatro preguntas que todos nos hemos formulado a través de la historia.

- ¿De dónde vengo?
- ¿Cómo debo vivir?
- ¿Cuál es mi propósito en esta vida?
- ¿Hacia dónde voy?

El evangelio contesta estas preguntas, porque el evangelio es buenas noticias, no solo buenos consejos. Veamos el significado del evangelio de Jesús.

Inspirar

Hay cuatro puntos significativos en la vida del ser humano en relación con las buenas nuevas:

1. Lo que somos. ¿Cómo la Biblia describe la condición humana?

   Somos _____. *Romanos 3:10-12.*

   Somos _____. *Efesios 2:1.*

2. Somos responsables de nuestras acciones. Cada acto y cada decisión tienen consecuencias. Lee Hebreos 9:27. Medita en estas palabras. La responsabilidad descansa en nosotros. La demandamos de nuestros líderes políticos, de los maestros, de nuestros padres y familiares, pero somos responsables de las decisiones que tomamos.

3. No somos capaces de hacer el bien por nosotros mismos. Debemos dejar entrar a Jesús en la ecuación. ¿Qué hace Jesús con nuestra condición? *Colosenses 2:13.*

_____

4. Podemos aceptar o negar un hecho histórico como la muerte y la resurrección de Jesús. Lee 1 Corintios 15:1-8 y analiza su contenido.

_____

5. Los resultados de la aceptación del evangelio se resumen en una vida transformada. San Pablo escribió a los creyentes de Tesalónica: *"Cuando les llevamos la Buena Noticia, no fue solo con palabras sino también con poder, porque el Espíritu Santo les dio plena certeza de que lo que decíamos era verdad. Y ya saben de nuestra preocupación por ustedes por la forma en que nos comportamos entre ustedes"* (1 Tesalonicenses 1:5, NTV).

Una vida que ha sido cambiada no significa que está salvada, pero una vida salvada siempre cambia. Es el resultado de la comprensión y la experiencia del evangelio.

Discernir

Este es el mejor resumen de lo que consiste el evangelio:

1. Una relación con Jesús impacta tu pasado. *"De modo que si alguno está en Cristo, nueva criatura es; las cosas viejas pasaron; he aquí todas son hechas nuevas"* (2 Corintios 5:17).

Todos hemos cometido errores, hemos tomado malas decisiones que nos han causado dolor y también a otras personas. El proceso para trabajar con tu pasado consta de dos pasos:

a. *Confesión*: Cuando confiesas tus pecados, admites tu responsabilidad.

b. *Arrepentimiento*: Cuando te arrepientes, reconoces que necesitas un cambio de vida.

Todos tenemos ~~problemas~~ vida

2. Una relación con Jesús impacta tu vida presente.

Vivir intensamente como una persona que ha sido perdonada tiene implicaciones prácticas. Míralo en este pasaje bíblico: *"Echad de vosotros todas vuestras transgresiones con que habéis pecado, y haceos un corazón nuevo y un espíritu nuevo. ¿Por qué moriréis, casa de Israel?" (Ezequiel 18:31).*

Es muy liberador sentirse libre del pasado, de los errores y las preocupaciones futuras. Desde que eres perdonado y aceptado por Dios, sientes la libertad y la capacidad de hacer lo mismo por otros.

3. Una relación con Dios impacta tu futuro. *"En tu mano están mis tiempos; líbrame de la mano de mis enemigos y de mis perseguidores" (Salmo 31:15).*

Uno de los mayores impactos del evangelio es la certeza de que vivirás un futuro con esperanza, un futuro que mira hacia una vida mejor. La Escritura atesora profecías de liberación, salvación y restauración. Podemos confiar en que tenemos un futuro seguro al ver cómo se ha cumplido cada profecía, porque Dios la ha llevado a su cumplimiento.

Ascender

El texto de esta semana: *"Hermanos, yo mismo no pretendo haberlo ya alcanzado; pero una cosa hago: olvidando ciertamente lo que queda atrás, y extendiéndome a lo que está delante, prosigo a la meta, al premio del supremo llamamiento de Dios en Cristo Jesús* (Filipenses 3:13, 14).

Mi decisión: Reconozco que soy un pecador. Le concedo a Dios el control de mi vida, y le pido a Jesús que sea mi Salvador y mi Líder. He entendido que no importa cuán vergonzosos sean mis pecados, Dios no está disgustado conmigo. Jesús ha tomado todas mis cargas, mis culpas, y el rechazo que yo merecía. Decido seguirlo.

Pensamientos finales

Todos tenemos problemas, pues vivimos en un mundo imperfecto. Pero en Cristo, Dios nos ofrece soluciones. Nuestros mayores problemas son los problemas existenciales. ¿Quién soy?, ¿Por qué estoy aquí, ¿De dónde vengo?, ¿Adónde voy?

Estos interrogantes tienen respuesta con solo recibir a Dios, porque somos hijos de Dios por creación y por redención. Estamos aquí para cumplir un destino: amar a Dios y al prójimo. Venimos del Dios Creador, y vamos a él si lo aceptamos como Salvador y Señor de nuestra vida.

El que recibe a Cristo ya no tiene por qué vivir abrumado ni aplastado por los problemas. Enfrentará dificultades y sufrirá la adversidad, pero tomado de la mano de Cristo podrá hacerles frente. Sí, *todos tenemos problemas*, pero los cristianos *¡tenemos soluciones! ¡Y tenemos vida!*

UNA INVITACIÓN PARA USTED

Si este libro ha sido de su agrado, si los temas presentados le han resultado útiles, lo invitamos a seguir explorando los principios divinos para una vida provechosa y feliz. Hay miles de congregaciones alrededor del mundo que comparten estas ideas y estarían gustosas de recibirle en sus reuniones. La Iglesia Adventista del Séptimo Día es una iglesia cristiana que espera el regreso del Señor Jesucristo y se reúne cada sábado para estudiar su Palabra.

En los Estados Unidos, puede llamar a la oficina regional de su zona o escribir a las oficinas de la Pacific Press para recibir mayor información sobre la congregación más cercana a usted. En Internet puede encontrar la página de la sede mundial de la Iglesia Adventista en www.adventist.org.

OFICINAS REGIONALES

UNIÓN DEL ATLÁNTICO
400 Main Street
South Lancaster, MA 01561-1189
Tel. (978)368-8333

UNIÓN DE CANADÁ
1148 King Street East
Oshawa, Ontario L1H 1H8
Canadá
Tel. (905)433-0011

UNIÓN DE COLUMBIA
5427 Twin Knolls Road
Columbia, MD 21045

Tel. (410)997-3414 (Baltimore, MD)
Tel. (301)596-0800 (Washington, DC)

UNIÓN DEL LAGO
8450 M 139
Berrien Springs, MI 49103-9400
Tel. (269)473-8200

UNIÓN DEL CENTRO
8307 Pine Lake Road
Lincoln, NE 68516
Tel. (402)484-3000

UNION DEL NORTE DEL PACÍFICO
5709 N. 20th Street
Ridgefield, WA 98642
Tel. (360)857-7000

UNIÓN DEL PACÍFICO
2686 Townsgate Road
Westlake Village, CA 91361
Tel. (805)497-9457

UNIÓN DEL SUR
302 Research Drive NW
Norcross, GA 30092
Tel. (770)408-1800

UNIÓN DEL SUROESTE
777 South Burleson Boulevard
Burleson, TX 76028
Tel. (817)295-0476